滴峰阅读文库
DIANFENG YUEDU WENKU

# 中华传统美德百字经

# 刚·刚强不屈

于永玉 董玮◎编

　　一段历史之所以流传千古，是由于它蕴涵着不朽的精神；一段佳话之所以人所共知，是因为它充满了人性的光辉。感悟中华传统美德，获得智慧的启迪和温暖心灵的感动；品味中华美德故事，点燃心灵之光，照亮人生之路。

天津人民出版社

**图书在版编目（CIP）数据**

刚：刚强不屈 / 于永玉, 董玮编. —天津：天津
人民出版社，2012.3

（巅峰阅读文库. 中华传统美德百字经）

ISBN 978-7-201-07515-0

Ⅰ. ①刚… Ⅱ. ①于… ②董… Ⅲ. ①品德教育－中
国－通俗读物 Ⅳ. ① D648-49

中国版本图书馆 CIP 数据核字 (2012) 第 062460 号

天津人民出版社出版

出版人：刘晓津

（天津市西康路 35 号 邮政编码：300051）

邮购部电话：（022）23332469

网址：http://www.tjrmcbs.com.cn

电子信箱：tjrmcbs@126.com

永清县晔盛亚胶印有限责任公司印刷 新华书店经销

2012 年 3 月第 1 版 2012 年 3 月第 1 次印刷

690×960 毫米 16 开本 10 印张 字数：100 千字

定价：19.80 元

中国是一个具有悠久历史和灿烂文化的文明古国，也是举世闻名的礼仪之邦。在历史的长河中，中华民族创造出了绚丽多彩的物质文化和精神文化，为人类的发展和进步做出了重要贡献。其中，中华民族的传统美德被大家代代传承。

那么，什么是传统美德？什么是中华民族的传统美德呢？通常来说，传统美德就是在自觉或习俗的道德规范中，一些被大多数人所接受并实际奉行的，而且在现代仍有着积极影响的那些美德。具体到中华民族传统美德，概括起来就是指中华民族优秀的民族品质、优良的民族精神、崇高的民族气节、高尚的民族情感以及良好的民族礼仪等，是中华民族在历史实践过程中积累而成的稳定的社会优秀道德因素，体现在人们生活的方方面面，涉及政治、经济、文化、意识等领域，并通过社会心理结构及其他物化媒介得以代代相传。

# 前 言

经过长期的历史沉淀，中华传统美德已融入到中华民族的思想意识和行为规范中，成为社会道德文化的遗传基因，成为整个中华民族文化的精神内涵，也是中华五千年文明史的精髓所在。继承和弘扬中华民族传统美德，可以振奋民族精神，增强民族自尊心、自信心、自豪感和凝聚力，使社会主义道德规范具有更丰富的内涵，让社会主义、集体主义、爱国主义思想等更加深入人心，成为社会主义文化的主旋律。同时，还可以更好地协调人际关系，促进社会主义市场经济的健康发展，形成有中国特色的、适应社会发展的价值观和伦理道德规范。

国民的思想道德状况，尤其是青少年的思想道德状况，直接关系着一个国家、一个民族的整体素质，关系着国家前途和民族命运。目前，我国已进入改革发展的新时期新阶段，德育教育的价值和意义更是日渐凸显。大力弘扬中华传统美德，建设社会主义核心价值体系，促进社会主义文化的发展和繁荣，是建设全面小康社会的主要任务，更是实现中华民族伟大复兴的必然要求。因此，党中央非常注重我国公民道德建设，全社会也已形成了加强和改进思想道德建设的新风尚。

青少年是国家的希望，是民族不断发展和延续的根本，因此，青少年德育教育就显得更加重要。为了增强和提升国民素质，尤其是青少年的道德素质，我们特意精心编写了本套丛书——《中华传统美德百字经》。

本套丛书立足当前公民，尤其是青少年思想道德教育的现实，将中华民族的传统美德归纳为一百个字，即学、问、孝、悌、师、教、言、行、中、庸、仁、义、敦、和、谨、慎、勤、俭、恤、济、贞、节、谦、让、宽、容、刚、毅、睦、贤、善、良、通、达、知、理、清、廉、朴、实、志、道、真、立、忠、诚、公、正、友、爱、同、礼、温、信、尊、敬、恭、恕、责、仪、精、专、博、富、明、智、勇、力、安、全、平、顺、敏、思、积、利、健、率、坚、情、养、群、严、慈、创、新、变、革、争、谏、诲、齐、省、克、竞、求、简、洁、强、律。丛书内容丰富、涵盖性强，力图将中华民族传统美德的内涵囊括进去。丛书通过故事、诗文和格言等形式，全面地展示了人类永不磨灭的美德：诚实、孝敬、负责、自律、敬业、勇敢……

刚·刚强不屈

2

这些故事在中华民族几千年的历史长河中，一直被人们用来警醒世人、提升自己，用做道德上对与错的标准；同时通过结合现代社会发展，又使其展现了中华民族在新时代的新精神、新风貌，从而较全面地展示了中华民族的美德。

在本套丛书中，为了帮助读者更好地理解这些源远流长的传统美德，我们还在每一篇故事后面给出了"故事感悟"，旨在令故事更加结合现代社会，结合我们自身的道德发展，以帮助读者获得更加全面的道德认知，并因此引发读者进一步的思考。同时，为丰富读者的知识面，我们还在故事后面设置了"史海撷英"、"文苑拾萃"等板块，让读者在深受美德教育、提升道德品质的同时，汲取更多的历史文化知识。

这是一套可以打动人心灵的丛书，也是可以丰富我们思想内涵的丛书……《中华传统美德百字经》向我们展示的是一种圣洁的、高尚的生活哲学。无论在任何社会、任何时代，给予人类基本力量的美德从来不曾变化。著名的美国政治家乔治·德里说："使美国强大的不是强权与实力，而是上帝赐予的美德。假如我们丢失了最根本且有用的美德，导弹和美元也不能使我们摆脱被毁灭的命运。"在今天，我们可能比任何时候都更应关心道德问题，尤其是青少年的道德问题，因为今天我们正逐渐面临从未有过的道德危机和挑战。

人生的美德与智慧就像散落的沙子，我们哪怕每天只收集一粒，终有一天能积沙成塔，收获一个光辉灿烂的明天。《中华传统美德百字经》中的美德故事将直指我们的内心，指向人性中善良的一面，唤起我们内心深处的道德感。因此，中华民

族的传统美德也一定会在我们的倡导和发扬之下，世世传承，代代延续！

　　全套丛书分类编排，内容详尽、文字优美、风格独具，是公民，尤其是青少年思想道德建设的优秀读物。愿这些恒久流传的美文和故事能抚平我们每个人驿动的心，愿这些优秀的美德种子能在青少年身上扎根、发芽、生长……

刚·刚强不屈

刚强不屈就是刚强方正，有气节，不屈服。

自孟子提出"威武不能屈"，荀子提出"权利不能倾"、"群众不能移"、"天下不能荡"的思想之后，历代无数志士仁人都以刚强不屈作为自己立身处世的准则，并用自己的实际行为谱写了一曲曲刚强不屈的正气之歌。文天祥在《正气歌》中所列出的"在齐太史简，在晋董狐笔，在秦张良椎，在汉苏武节。为严将军头，为嵇侍中血，为张睢阳齿，为颜常山舌。或为辽东帽，清操厉冰雪；或为出师表，鬼神泣壮烈；或为渡江楫，慷慨吞胡羯；或为击贼笏，逆竖头破裂"等人物和事例，即是中华民族志士仁人刚强不屈事例的缩影。

所谓"气节"，亦指刚强不屈。据《后汉书》所载，汉光武帝的姐姐湖阳公主有个家奴无故杀人，洛阳令董宣不惧公主淫威，当着公主的面将其家奴拖下车就地斩首。汉光武帝勃然大怒，逮捕董宣。议郎蔡茂见董宣为人"刚正有气节"，上书说董宣不惧怕恶势力，为臣有气节，宜加提倡。可见，为人刚直有气节，不妥协、不屈服，就是刚强不屈的主要表现。

近现代以来，中华民族为反抗帝国主义侵略而进行的前仆后继、不屈不挠的斗争，就是中国人刚强不屈最好的明证。

中华民族的刚强不屈，说到底反映的就是一个人的人格和尊严。人要讲尊严和人格的道理自古有之，只不过封建时代将人分成了君子和小人两类。小人没有尊严和人格，只有君子才有。而到了现代，人人平等，不再有门第之分、贵贱之别，人人享有尊严和人格。保持崇高的气节，外敌加身而刚强不屈是人权的展示，是知耻、明耻的具体表现。刚强不屈是中华民族的传统美德，是人格、国格的外在表现形式，体现的是一种坚持真理，坚持原则，主持正义，居污浊而不染、临强敌而不畏、富不移情、贫不移志的可贵精神和高尚情操。

在改革开放的今天，知耻、明耻、保持刚强不屈的品质更具有特殊意义。如何在国际交往中切实维护国家、民族的尊严和利益；如何在糖衣炮弹面前保持清醒的头脑和高度的警惕；如何面对金钱诱惑，拒腐蚀、保持贞节，这一切都需要具有崇高的民族气节和刚强不屈的优秀品质。刚强不屈的品质不仅是我们中华民族的传统美德，更是每个人为人处事的需要，是建设社会主义物质文明和精神文明的需要。

ZHONGHUACHUANTONGMEIDEBAIZIJING

中华传统美德百字经

刚·刚强不屈

# 第一篇

## 威武不屈　贫贱不移

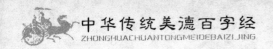
# 狐突威武不屈

◎周于德邪世不能乱。——《孟子·尽心下》

狐突（？—前637），亦曰伯行、伯氏、狐子。原姓姬，因其祖封于狐氏大戎（今交城县西北山区），故改姬姓为大狐。狐突为春秋时晋国大夫。

春秋时期，晋献公宠爱骊姬，要立小儿子奚齐为国君，派人追杀二儿子重耳，重耳被迫流亡国外。

公元前651年，晋献公逝世，荀息担任国相，立奚齐为君。

不久，里克杀了骊姬和奚齐，荀息也自杀而死了。

里克派人迎接重耳回国即位，重耳辞谢了。

公元前650年，重耳的弟弟夷吾自立为晋惠公。

公元前644年，晋惠公派人追杀重耳，未能得逞。

晋惠公死后，他的儿子晋怀公即位。

晋怀公即位后，只顾享受，不关心百姓疾苦。他命令大臣们不准跟随逃亡在外的重耳，并且规定了返国的期限。

大臣狐突的儿子狐毛和狐偃跟随重耳，当时正在齐国。狐突不让他们回来侍奉晋怀公。

晋怀公听说后，勃然大怒，派人逮捕狐突，对他说："只要你把儿子从重耳那里叫回来，寡人就赦免你。"

　　狐突毫无惧色，侃侃而谈，回答说："儿子做官，做父亲的应该把尽忠的道理教给他。如果教他们三心二意，那是有罪的。现在，微臣的儿子跟随重耳已经多年，如果叫他们回来，就是教子不忠。一个三心二意的大臣怎能侍奉国君呢？不滥用刑罚，是君主的贤明，也是微臣的愿望。如果国君滥用刑罚以图快意，那么，谁能没罪呢？"

　　晋怀公不听谏言，杀死了狐突。

　　公元前636年，晋怀公鼻子堵塞，只能用嘴喘气，很痛苦。有一天早上，他突然想吃新鲜的血肠，卫士们赶紧去杀猪。他们在院子里支好大锅，水很快烧沸了。卫士刚捅一刀，那头猪却挣脱绳索，边嚎边跑，血滴了一路。卫士拎着尖刀在后面追，没有追上。晋怀公觉得很丧气。

　　这时，秦穆公已经派军队护送重耳渡过黄河，深入晋国境内，掌握了晋国军队。不久，重耳进入曲沃，朝拜了晋武公之庙，被立为国君，这就是晋文公。

　　这年，重耳62岁，在外流亡已经19年了。

　　这时，逃出都城的晋怀公对卫士们说："还是你们动手，把我的头献给他们吧。"

　　杀猪的那位卫士说："都怪我没杀死那头猪，害得主公血肠也没吃上。"说罢，他把尖刀捅进晋怀公的胸膛。

　　晋怀公死后，卫士们全都自刎了。

　　这一年是晋怀公元年，他即位前后连半年都不到。

　　晋文公重耳登上晋国的政治舞台，在赵衰、狐偃、狐毛、贾佗、先轸、魏武子等人的辅助下，整顿内政，发展农业、手工业，训练军队，很快就出现了民殷国富的局面。

　　晋文公在位9年，成为春秋五霸之一。

　　狐偃和狐毛忠心辅佐晋文公，立下了不世之功，也足以安慰老父的在天之灵了。

◎故事感悟

狐突威武不屈，以死抗恶，教子有方，正直无私，他不顾个人利益，誓保忠义的品质确实难得，也令无数后人敬佩。

◎史海撷英

### 帝王恩赐而成神

狐突死后，被立祠祀于其封地，百姓对他的遭遇非常同情，所以祭祀狐突也成为一种习俗保留下来，渐渐地也有了些神异的传说。历代忠臣孝子有独立祠堂的也不新鲜，而与神的距离依然非常遥远。狐突要成为神灵，还得靠帝王的加封。

这在古代中国是个非常耐人寻味的事情。君主们总要说自己受命于天，是上天意志在凡间的代理人，甚至会说自己是某某神仙下凡，让人以为王权因神权而具有合法性和正当性。但实际上，所谓神灵的荣耀却大都出自君主们的恩赐，没有君主们的认可，神灵无从展现他的威能，并会被当做淫祀或邪祀而摧毁。狐突要想获得"官方认证"，需要等到宋徽宗时。

宋徽宗是历史上艺术天赋和艺术成就最突出的皇帝，对除了治理国家之外的任何事情保持着极大的热情。所以，作为一个皇帝，他的昏庸在历史上同样突出。草草翻看一下史书，我们还会发现他的另一个爱好：封神。

在他27年的皇帝生涯里，他封过许多神仙，现在遍及华人文化圈的关公崇拜就是以他封关羽为"崇宁真君"为开端的。更过分的是，他还封过三只蚱蜢为侯。所以，大观二年（1108年），他赐额狐突祠"忠惠"并不是件不寻常的事。宣和五年（1124年），他又封狐突为护国利应侯——狐突在此时完成了从忠臣到神灵的转变。

◎文苑拾萃

### 假道伐虢

春秋时期，晋国想吞并邻近的两个小国：虞和虢。这两个国家之间关系不错。

晋如袭虞，虢会出兵救援；晋若攻虢，虞也会出兵相助。大臣荀息向晋献公献上一计。他说，要想攻占这两个国家，必须要离间他们，使他们互不支持。虞国的国君贪得无厌，我们正可以投其所好。他建议晋献公拿出心爱的两件宝物：屈产良马和垂棘之璧，送给虞公。献公哪里舍得？荀息说："大王放心，只不过让他暂时保管罢了。等灭了虞国，一切不都又回到您的手中了吗？"

献公依计而行。虞公得到良马美璧，高兴得嘴都合不拢了。

晋国故意在晋、虢边境制造事端，找到了伐虢的借口。晋国要求虞国借道让晋国伐虢，虞公得了晋国的好处，只得答应。虞国大臣宫子奇再三劝说虞公，这件事办不得的。虞虢两国，唇齿相依，虢国一亡，唇亡齿寒，晋国是不会放过虞国的。虞公却说，为交一个弱朋友去得罪一个强有力的朋友，那才是傻瓜哩！

晋大军通过虞国道路，攻打虢国，很快就取得了胜利。班师回国时，把劫夺的财产分了许多给虞公。虞公更是大喜过望。晋军大将里克这时装病，称不能带兵回国，暂时把部队驻扎在虞国京城附近。虞公毫不怀疑。几天之后，晋献公亲率大军前去，虞公出城相迎。献公约虞公前去打猎。不一会儿，只见京城中起火。虞公赶到城外时，京城已被晋军里应外合强占了。就这样，晋国又轻而易举地灭了虞国。

# 刚正不阿的范滂

◎君子至公引类，小人徇私立党。——何坦

---

范滂（137—169），字孟博。汝南征羌（今河南漯河市召陵区）人。少年时便怀澄清天下之志。他嫉恶如仇，为官清厉，任清诏史按察诸郡时，贪官污吏望风解印绶而逃。任汝南郡功曹时，抑制豪强，制裁不轨，结交士人，反对宦官。第一次党锢之起，与李膺同时被捕。被释还乡时，迎接他的士大夫的车有数千辆。党锢之祸再起，朝廷下令捉拿他，县令郭揖欲弃官与他一起逃亡。他不肯连累别人，自己投案，死于狱中。

---

范滂年轻时就注重品德修养，养成了清廉的节操，为人刚正不阿。他坚持真理，不畏强权，深受州郡和乡里的钦佩，因此被推荐为孝廉。

有一年，冀州发生灾荒，饥民纷纷造反。朝廷任命范滂为清诏使，到冀州巡视。

范滂登车出发，手握缰绳，慨叹世道黑暗，政治混乱，胸怀澄清天下的抱负。

范滂每到一处，公正执法，有错必纠，有罪必罚。不管你后台是谁，也不管你和他有什么关系。

范滂一到冀州，那些太守和县令因平时贪赃枉法，听见风声都扔下官印逃跑了。范滂秉公执法，弹劾有罪的官吏，百姓无不额手称庆。

接着，范滂又被太尉黄琼征召去做官。后来皇帝下诏书要太尉、司徒、司空三府下属的主要官员去采访民间疾苦，检查地方官吏的善恶得失，然后向朝廷报告。范滂到地方后，一下子就弹劾了刺史、太守和豪绅共二十多人。

尚书责备他弹劾的人太多，怀疑他挟有私心，公报私仇，动机不纯。范滂解释说："我所检举的如果不是贪污腐败、奸邪残暴、为患一方、残害百姓的坏人，怎肯用他们玷污我的纸笔呢？现在只因朝堂会审在即，时间仓促，所以先检举那些急需检举的人。至于那些没有调查清楚的，还正在反复核实，说不定比这还多呢。我听说农夫锄了杂草，庄稼才会茂盛起来；忠臣除恶务尽，法不徇私，国家政治才会清明。假如我检举的不符合事实，甘愿当众接受死刑。"尚书见范滂刚正不阿，这才不再追问什么。

汝南郡太守宗资早就知道范滂的名声，请他代理功曹职务。功曹是郡守或县令的主要属官，负责选用任命和考核功绩。范滂在职期间，对吏治严加整顿，嫉恶如仇，任人唯贤。凡是行事违背孝悌，以及不遵守仁义规范的人，一律撤职，不同他们共事。范滂还把操行卓异的人推荐到显要岗位，把被埋没的人才选拔出来任职。

范滂的外甥西平县人李颂，是西平王李通的后代，在家乡名声很不好，没有人肯推荐他。中常侍唐衡特地请宗资帮忙，宗资同意录用李颂。范滂说："他不是适当人选。"范滂公字在先，不肯徇私，将此事搁置下来，一直未加委任。

宗资见自己的命令没有执行，就把怒气发在书佐朱零身上，下令拷打朱零。朱零抬头望着宗资说："范滂刚正不阿，嫉恶如仇，就像快刀砍朽木一样，是不能违抗的。今天我宁可被你打死，也不敢违背范滂的决定。"宗资见这又是一个刚正不阿的人，便只得作罢了。

汝南郡中级以下的官员都恨范滂，指责他所任用的人为范党。而范滂仍然我行我素，刚正不阿。只知任人唯贤，不知其他，根本不在乎别人的议论。

## ◎故事感悟

宗资是范滂的顶头上司，西平王是范滂的间接上司，范滂敢于抵制他们的错误决定，这是不逢迎、不屈从、不附和；李颂是范滂的外甥，而范滂不肯任人唯亲，就是不用李颂，这是多么可贵啊！由此可见，范滂是真正的刚正不阿之人！

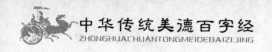

◎史海撷英

## 范滂入狱

名士张俭曾经告发过宦官侯览，侯览一心想报复。正好张俭家赶走了一个仆人，侯览就利用那个仆人，诬告张俭跟同乡24个人结党，诽谤朝廷，企图造反。

宦官曹节抓住这个机会，吩咐他的心腹上奏章，要求汉灵帝再一次下令逮捕党人。汉灵帝才14岁，根本不懂得什么是党人。他问曹节："为什么要杀他们，他们有什么罪？"曹节指手画脚把党人怎样可怕，怎样想推翻朝廷，图谋造反，乱编了一通。汉灵帝当然相信了他们，连忙下令逮捕党人。

逮捕令一下，各州各郡又骚动起来。有人得到消息，忙去报告李膺。李膺坦然说："我一逃，反而害了别人。再说，我年纪已经六十了，死活由他去，还逃什么！"

他就自己进了监狱，被拷打死了。杜密知道免不了一死，也自杀了。

汝南郡的督邮奉命到征羌（今河南漯河市召陵区）捉拿范滂。到了征羌的驿舍里，他关上门，抱着诏书伏在床上直哭。驿舍里的人听到哭声，弄不清是怎么回事。

消息传到范滂那里，范滂说："我知道督邮一定是因为不愿意抓我才哭的。"他就亲自跑到县里去投案。县令郭揖也是个正直的人，他见范滂来了，吓了一大跳。他说："天下这么大，哪儿不能去，您到这儿来干什么？"他打算交出官印，跟范滂一起逃走。

范滂感激郭揖，他说："不用了。我死了，朝廷也许能把抓党人的事停下来。我怎么能连累您？再说，我母亲已经老了，我一逃，不是还连累她吗？"

县令没有法子，只好把范滂收在监狱里，并且派人通知范滂的老母亲和他的儿子跟范滂来见面。

范母带着孙儿随着公差到监狱来探望范滂。范滂安慰她说："我死了以后，还有弟弟会抚养您，您不要过分伤心。"范母说："你能和李、杜（指李膺、杜密）两位一样留下好名声，我已经够满意了。你也用不着难过。"

范滂跪着听母亲说完，回过头来对儿子说："我要叫你做坏事吧，可是坏事毕竟是不该做的；我要叫你做好事吧，可是我一生没有做坏事，却落得这步田地。"

旁边的人听了，都禁不住流下了眼泪。

◎文苑拾萃

## 权违诏令

魏文帝黄初元年（220年），魏王曹丕任命安定太守邹岐为凉州刺史。然而，西平人麹演串通附近的几个郡发动叛乱，抗拒邹岐。张掖人张进把太守杜通抓了起来，酒泉人黄华则拒绝太守辛机就任。他们都自称太守，响应麹演。

武威郡三个部落的胡人也再度反叛。武威太守毋丘兴连忙向金城太守苏则告急。苏则准备率兵援救，他的部属却纷纷反对。有人说："援救武威需要大批军队，单靠我们的人马恐怕难以取胜。"

当时，将军郝昭、魏平屯兵金城，但他们奉诏令不得西渡黄河。苏则把郡中的主要官吏和郝昭、魏平请来，对他们说："贼人不过是一群乌合之众，其中有不少被坏人裹胁的好人。我们应该利用他们内部的矛盾发起进攻，让其中的好人归附我们，削弱敌人的势力，进而消灭敌人。如果一味等待大军，就会使好人坏人同流合污，难以分开。"

郝昭为难地说："苏公的话不无道理，可是……"

苏则说："为了平定河西叛乱，违反诏令，也是权宜之计，大王怎么会怪罪将军呢？"

郝昭和魏平斟酌再三，答应了他的请求。于是，苏则迅速调集军队，奔赴武威，首先降伏反叛的胡人。然后，他们又和毋丘兴一起攻打张掖郡的张进。麹演得到消息后，立即率领3000人马迎接苏则，声称前来助战，暗地里却准备袭击苏则。苏则佯作不知，将计就计地引诱麹演同他会面。利用会面的机会，出其不意地杀了麹演。麹演的部众顿时一哄而散。苏则又率军攻克张掖，诛杀张进。消息传开，黄华惶恐不安，连忙向苏则请降。

至此，河西各郡的骚乱全部平定。

# 满宠不畏权贵

◎虽有暴政，不更其所。——《礼记》

> 满宠（？—242），字伯宁。兖州山阳昌邑人。魏国名将，最初在曹操手下任许县县令，掌管司法，以执法严格著称；转任汝南太守，开始参与军事，曾参与赤壁之战。后关羽围攻樊城，满宠协助曹仁守城，劝阻了弃城而逃的计划，成功坚持到援军到来。曹丕在位期间，满宠驻扎在新野，负责荆州一侧的对吴作战。曹睿在位期间，满宠转任到扬州，接替曹休负责东侧对吴作战，屡有功劳。后因年迈调回中央任太尉，数年后病逝。

满宠从小习文学武，是个文武全才。

18岁时，满宠开始在本郡担任督邮。督邮是官名，始置于西汉中期，是郡守的属吏，凡传达教令、督察属吏、检核刑狱等事，无所不管。

满宠担任督邮后，忠于职守，多次为百姓伸张正义。

当时，郡内李朔等人仗势欺人，为害百姓。太守命令满宠前去纠察，满宠立即率兵前往。李朔闻讯，大吃一惊。他知道满宠刚正不阿，绝不会轻饶他的。于是，急忙率众前去请罪，并表示不再为害乡里。

不久，满宠因功升任高平县令。高平县人张苞担任郡中督邮，贪污受贿，干扰县中政务。满宠认为自己是百姓的父母官，不能坐视奸人横行，便派人将张苞逮捕，并进行拷问。

不料，张苞因受到拷问，竟死在监狱中。满宠无可奈何，只得弃官而归。

汉献帝初平三年（192年），曹操率大军到兖州后，满宠因耿直之名闻于远近，被聘为从事。

从事是官名，是刺史的佐史。汉武帝初设刺史时，以从事为刺史属史。刺史辖几郡即设几人，每人主管一郡的文书，察举非法之事。汉朝末年，刺史的权力加大了，从事名目也更多了。文的有文学从事、劝学从事等，武的有武猛从事、都督从事等，均由刺史自行聘任。

汉献帝建安元年（196年），曹操升任大将军。见满宠刚正不阿，能独当一面，便让满宠去担任许县县令。

当时，曹操堂弟曹洪担任将军。其亲戚依仗权势，在许县多次犯法，别人不敢过问。满宠不畏权贵，将这些犯法的人都抓起来，关入狱中。曹洪闻讯后，写信给满宠，请求将这些人释放，满宠不听。

曹洪又上报曹操，请曹操出面解救。曹操前往许县，准备为曹洪说情。满宠听说后，立即将犯罪的这些人全杀了。曹操知道后，没有发怒，反而高兴地说："这件事不正应该这样处理吗？"

建安二年（197年）九月，太尉杨彪因与袁术联姻，引起曹操忌恨，便将其逮捕，准备以大逆罪将其处死，并令满宠进行审问。

杨彪是当时的名士，因婚姻之事被捕又是冤枉的，所以尚书令荀彧、少府孔融等人都来见满宠，为他说情，并嘱咐说："问一问就行了，千万不要用刑。"

满宠知道曹操的为人，为了救杨彪，他在审讯中照旧用了刑。

几天后，满宠求见曹操，进言道："杨彪已经拷问过了，并无其他动机。此人有名于海内，若无罪受罚，必大失民心，我正在为明公担忧呢。"曹操一听，已对杨彪用刑，自己也解了心头之恨，便下令将他释放了。

起初，荀彧、孔融听说满宠拷打杨彪，都发怒了。后来，听说杨彪因此而被释放，这才暗暗感激满宠。


◎故事感悟

《三国志》作者陈寿曾评价道：满宠立志刚毅，勇而有谋。满宠执法虽严，但却坚持实事求是，其刚正不阿的品质和机智过人的胆识值得后人学习。

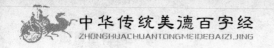

## ◎史海撷英

### 合肥之战

223年12月，第三次合肥之战爆发。孙权出兵想围攻合肥新城，因城远水，二十余日不敢下船。满宠便遣六千步骑，在肥水隐处伏兵等待。后孙权上岸，满宠伏军突起袭击，斩首数百，也有逃至河中溺死者。吴主又使全综攻六安，亦不胜。234年2月，蜀汉丞相诸葛亮进行第五次北伐，遣使请东吴一起出兵。孙权答应。旋即引发第四次合肥之战，于同年5月，孙权进驻巢湖口，自称有十万人，亲自带兵攻向合肥新城；另一方面，又派陆逊、诸葛瑾率万余人进驻江夏、沔口，攻向襄阳；将军孙韶、张承进驻淮，向广陵、淮阴进逼，形成三路兵马北伐。

6月，满宠想率众军援救新城守将张颖，但殄夷将军田豫却认为该新城自守有余，如果有援军至，怕孙权反过来吞并援军。而当时吏士多请假，满宠上表请召中军兵及召回所有请假将士，集合抵挡。不过散骑常侍广平刘邵认为满宠该自守不攻，避其锐气；而中军则先派步兵五千名、精骑三千名出发，将队伍排列疏散，多加旗、鼓，敌军知道大军到来，必定自走，可以不战而破。曹叡听从其计，先派前队出发。

而曹叡亦不采纳满宠援军的意见，认为合肥、襄阳、祁山是曹魏东、南、西三个重要防点，守城有余，曹叡便于七月壬寅日亲率水师东行。满宠募集数十壮士，折断松枝为火炬，灌上麻油，顺风放火，烧毁敌军攻城器具，射杀孙权之侄孙泰。加上吴军中士卒都多有病患，又听到曹叡大军将至，于是孙权撤退。孙韶军亦同时回师，只有陆逊军继续战斗，但不久亦撤退。

## ◎文苑拾萃

### 赤 壁

赤壁有文赤壁和武赤壁两处。文赤壁在湖北省黄冈市境内，因苏轼《赤壁赋》而得名；武赤壁在湖北省赤壁市境内，东汉末年的赤壁之战就发生在此。湖北省赤壁市境内赤壁旅游区由赤壁山、南屏山、金鸾山三山组成。

赤壁之战遗址是由三座小山组成，即赤壁山、南屏山和金鸾山。这三座小山起伏相连苍翠如海，再加上亭台楼阁错落地隐现于其间，景色益显秀美。其主要景点有赤壁摩崖、拜风台、凤雏庵和翼江亭等。这些景点相距不远，且有小径相连，极易寻觅。

赤壁山的西南临江处，岩斜亘300余米，怪石嶙峋，汹涌的江水直扑断崖，卷起千堆雪，声如巨雷。文人骚客来此凭吊者，自古不绝，故留下众多诗书。据说赤壁火攻时，周瑜站在矶头指挥，忽见冲天火光把断崖照耀得通红一片，不觉豪兴大发，当场写下两个楷书大字，令人刻石纪念。此传说虽不可靠，但它揭示了"赤壁"命名的由来。"赤壁"二字的近旁，还有诸葛亮、刘备、关羽、张飞、孙权和周瑜的画像石刻，它们与书法石刻交相辉映，可谓书画并茂。

南屏山顶的拜风台，传为诸葛亮祭东风时的七星台遗址，后殿中的诸葛亮、刘备、关羽、张飞坐像，极其传神，颇引人注目。

金鸾山腰的凤雏庵，相传庞统曾隐居于此。原庵早废，今庵乃清道光二十六年（1846年）重建，青砖黑瓦，古朴典雅。庵内主室所供奉的庞统塑像庄严刚毅，有凛然不可侵犯的气概。庵四面苍苔布绿，曲径藏幽，古树垂荫，百鸟飞鸣，真有"鸟鸣山更幽"的意境。

赤壁山顶的翼江亭，传为诸葛亮、周瑜在赤壁之战时观望曹营的遗址。亭乃后人所建，碧瓦飞檐，六角攒尖，与传为黄盖献苦肉计的遗址，即中峰望亭遥遥相望，交互映衬。此亭四周山花烂漫，芳草萋萋，景色十分迷人。在亭中俯瞰长江，可令人故国神游，想见当年赤壁鏖兵时"樯橹灰飞烟灭"的情景。

# 胜者王侯败者贼

◎劫之以众，沮之以兵，见死不更其守。——《礼记》

> 周顗（269—322），字伯仁。晋安城（今河南省汝南县东南）人。渡江后，任荆州刺史，官至尚书左仆射。永昌元年（322年）王敦于荆州举兵，以诛刘隗为名进攻建康，王导诣台待罪，刘隗劝元帝诛灭王家，周顗为王导仗义执言，而王导不知此事。王敦入石头城后，放纵士卒劫掠，王敦问王导周顗何如？王导没回答，周顗遂为王敦所杀。事后王导看见周顗申救之表，大哭说："我虽不杀伯仁，伯仁由我而死。"

晋廷渡江后，周顗出任荆州刺史，官至尚书左仆射。

晋元帝太兴初年（318年），晋元帝拜周顗为太子少傅。周顗立即上书辞让道："微臣学不能通一经，智不能成一事，无自知之明，不能安守本分，赧然担任高官，名位已超过实际才能了。没想到陛下竟然忘记了微臣的顽劣，让微臣出任少傅，微臣实难胜任。这必然会给圣朝带来用人失当之耻。微臣俯仰惭惧，不知所措。"

晋元帝降诏道："太子自幼爱好学习，正需要爱卿这样的老师。爱卿一身正气，嫉恶如仇，一看就是正人君子，这是不言之教，何必还要什么学问、智慧和才能呢？"

有一天，晋元帝于西堂宴请公卿。酒酣耳热之际，晋元帝说道："今日朕与众卿聚会，可比尧舜之时吧？"

周顗厉声说道："陛下虽为人主，但怎能比得上尧舜呢？"

晋元帝一听，勃然大怒，亲手写诏书把周顗交给廷尉，准备处死。大臣纷纷上书为周颙求情。后来，晋元帝气消了，才饶了周颙。

晋元帝永昌元年（322年），王敦于荆州起兵，以诛刘隗为名进攻建康。

王敦是晋朝的大将军，坐镇武昌。王敦为人骄横，飞扬跋扈，所收赋税全部装入腰包，渐成尾大不掉之势。

王敦从小就与周颙相识，因为周颙的性格，王敦总有点怕他。每次遇见周颙，王敦都面热耳赤，即使在寒冬腊月，也要用手当扇子扇个不停。

如今，王敦举兵反叛，有人问周颙说："大将军此举好像只是针对某些人，应当不至于乱来吧？"

周颙回答说："你年纪轻，阅历浅，才说这种话。皇上自然不是尧舜，哪能没有过失，但为臣的怎能举兵挟制君主呢？我们共同拥戴皇上还没有几年，突然又这样做，这难道不是作乱吗？他的眼里既然没有皇上，他的欲望难道还会有限度吗？"

不久，朝廷的军队被王敦击败，周颙奉命前去会见王敦。王敦见了周颙，说："伯仁，你对不起我。"

周颙反言相讥道："你起兵造反，下官亲率六军，不能取胜，使王师败绩，我当然对不起你了。"

王敦见周颙义正辞严，顿觉无地自容，不知所措。

周颙回到建康后，护军长史郝照等人劝周颙躲避王敦，周颙说："朝廷战败，我身为大臣，难道可以草间求活，或者外逃投奔胡越吗？"

王敦攻入建康后，本想让周颙位列三公，但又怕留着他会给自己添麻烦，便将他斩首了。


◎**故事感悟**

古人云："伴君如伴虎"，多少大臣小心翼翼地侍奉还唯恐皇上不开心，周颙却在君臣其乐融融的时候说出大煞风景的话，一点不给明帝面子。这正能看到周颙刚直不阿的秉性，他不因触犯龙颜而委曲求全。他这种不畏权势、直言敢谏的品质值得后人赞誉。

## ◎史海撷英

### 周顗早年

周顗年方弱冠便入朝为官，宦海之中沉浮数次。先领荆州刺史，与敌军交战，大败。后为吏部尚书，终日醉酒不醒，人称"三日仆射"，被有司弹劾。又有门生持刀伤人，因此连坐罢官。至太兴初年，再被起用，复礼部尚书之职。庾亮曾对周顗说："大家都拿乐广跟你相比呢。"周顗很不高兴，说："奈何刻画无盐，唐突西施也。"意思是说这不是以丑比美吗？乐光怎么能跟我相提并论？当时的宰辅王导非常器重周顗，曾经躺在周顗的腿上指着他的大肚子说："这里面有什么呢？"周顗回答说："此种空洞无物，但是像你这样的人，能装他几百个。"王导也不以为忤。

## ◎文苑拾萃

### 我不杀伯仁，伯仁却因我而死（"伯仁由我"）

东晋王导（276—339），字茂宏，琅琊临沂人，司空、司徒王洽之族弟，官拜东阁祭酒，迁秘书郎、太子舍人，参东海王司马越军事。曾因帮助元帝即位而获元帝倚重，官至宰辅，总揽元帝、明帝、成帝三朝国政。

322年，王导之兄王敦叛乱，祸及王导及其家族。为请罪，王导带领家人跪于皇宫前，等待皇帝裁决。恰好周顗路过，准备进宫，王导便请求周顗替他在皇帝面前说些好话，表明自己没有叛国之心，便小声对他说："伯仁（周顗字），我全家一百多口的性命，全靠您维系了！"周顗对他的央求没有回应，径直走进宫去。

然而在皇帝面前，周顗极力为王导说好话，力陈王导对王室的忠诚。皇帝请他在宫里喝酒，他喝得醉醺醺地才出来，王导跟他打招呼，问道："我拜托您的事，您帮我去办了吗？"周顗还是不理睬他，一边走还一边说："今年杀个叛贼，可取得一个斗大的金印。"王导于是对他怀恨在心。

后王室被王敦打败，占领了南京皇城，逼皇帝给他加官晋爵，于是他成了一人之下、万人之上的权臣。他开始对不服自己的人和忠义之士大开杀戒。在准备杀周顗时，他的族弟王彬跪在他面前以泪洗面，只求王敦刀下留情。王敦知道周顗是当时的两大才子之一，也欲赐其爵位，便询问王导。王导因为周顗没有为自己说情一事耿耿于怀，也就默不作声。王敦生气道："既然不能封官，不如杀了算了，免得以后别人重用他，成为我的心腹大患！"于是最终杀掉了周顗。

　　后来，王导在整理中书省的文件时，意外发现了周顗极力维护自己为自己辩白的奏章，又听说那天自己跪在宫门时，周顗一进宫就激烈地维护王家全家，只不过没有在自己面前表示出来而已。联想到自己能救他的时候却没有伸手相救，一股强烈的负罪感涌上心头，回家就痛哭流涕，对子孙们说："我虽然没有杀伯仁，但是伯仁却是因为我才死的啊！幽冥之中，我辜负了这样一位好朋友啊！"此后，该句子也在历史上频繁出现，并衍生出后来的成语"伯仁由我"。

# 刚正的尹君

◎将天下正大的道理去处置事，便公；以自家私意去处之，便私。——朱熹

唐太宗时，由于重用了魏征那样敢于直言的忠臣，一时言路大开，形成风气。

当时坊州（今陕西黄陵、宜君一带）有个官吏叫尹君。他在杨纂手下当司户，主要负责征集百姓税收之事。有一天，尚书省忽然向坊州下达一道指令，要坊州征集杜若。杜若本是一种中药材，又名竹叶莲，能治蛇、虫咬伤及腰疼等症。尹君接到此令，不禁眉头紧皱。他自言自语地说："杜若本生长在南方。坊州地处北国，哪里来的什么杜若？真是岂有此理！"

尹君不想为难百姓取悦上司，便在尚书省的指令上写了一段文字，连同指令一起退还尚书省。他在指令上写下的一段文字翻译过来是这样的："坊州根本没有什么杜若，这是天下共知的事。尚书省忽然下令要这种东西，这恐怕是读了谢朓的诗生出的误解。高贵的尚书省的官员们，你们仅凭一个女人的一句诗就来向坊州要杜若，不怕天上的二十八星宿笑话你们吗？"

话说得尽管挖苦一点，但说的是实情。尚书省收到坊州退还的指令和尹君的一段文字，十分赏识尹君实事求是和刚正不阿的精神。杨纂得知此事也非常高兴。后来杨纂为雍州（治所在长安，后更名为京兆府）长史时，便提拔尹君为雍州司法，负责审理全州案件等事。

一次，金城坊被盗。据失主说，他影影绰绰地看见一个头戴胡帽的人，把帽子压得低低的，估计可能作案的是一个胡人。杨纂据此便要下令把全城的胡人一个个都抓起来审问。尹君对此举不以为然。他对杨纂说："我看大人

此举有些鲁莽。试想贼人作案，有时惯于伪装。贼人故意戴上胡帽作案，这种可能性也不是没有。大人，我看此贼敢于进内室作案，绝不是初来乍到者，而是对此地情况比较熟悉的一个人。因此，请大人只在本城西市一带访查就行了。"

杨纂被尹君一说有些扫兴，便拉下脸来说："你说作案分子不一定是胡人，难道你是收了作案分子的贿赂不成？"

尹君听了杨纂的话仍未改初衷，起草文稿时仍按照自己的意见写。杨纂看了尹君文稿，慨叹再三，自愧弗如，只得在文稿上批上一段话。这段话翻译过来大致是这样的："我的意见确实比尹君的意见输了一筹。我同意尹君的意见。"

后来这事传到唐太宗那里。唐太宗当时正在临摹"二王"的书帖，听后深有感触地说："朕用杨纂，听说他知错就改，服输一筹。我整天深居内宫，耳不聪，目不明，和尹君比又会输几筹呢？"

## ◎故事感悟

人生漫长而坎坷，唯有刚强不屈，方能使生命熠熠生辉。当我们想让自己超越平凡的时候，最为关键的就是要让自己成为威武不屈、贫贱不移的人。尹君正是这样做的，他刚直不阿的品质永远值得后辈传颂。

## ◎史海撷英

### 分权制度

中国封建体制的主要特征是权力高度集中，地方服从中央，中央又唯皇帝马首是瞻。这种中央集权的政治体制极大地限制了国民的创造性、主动性和灵活性，且极易酿成暴政。中国封建社会的中央政府组织实行"三省六部制"，但贞观王朝的三省职权划分则初步体现了现代化政治特征——分权原则。中书省发布命令，门下省审查命令，尚书省执行命令。一个政令的形成，先由诸宰相在设于中书省的政事堂举行会议，形成决议后报皇帝批准，再由中书省以皇帝名义发布诏书。诏书发布之前，必须送门下省审查，门下省认为不合适的，可以拒绝"副署"。诏书缺少副署，依法即不能颁布。只有门下省"副署"后的诏书才成为国家正式法令，交由尚书省执行。这种政治运作方式很有点类似现代民主国家的"三权分立"制，西方在17世纪兴起的分权学说，李世民早在1000多年前就已运用于中国的政治体制，进一步说明了贞观王朝的文明程度是何等之高。最为可贵的是，李世民规定自己的诏书也必须由门下省"副署"后才能生效，从而有效地防止了他在心血来潮和心情不好时作出有损他声誉的不慎重决定。中国历史上的853个帝王，只有李世民一人拥有如此杰出的智慧和胸襟。

## ◎文苑拾萃

### 谏太宗十思疏

魏　征

臣闻：求木之长者，必固其根本；欲流之远者，必浚其泉源；思国之安者，必积其德义。源不深而望流之远，根不固而求木之长，德不厚而思国之安，臣虽下愚，知其不可，而况于明哲乎？人君当神器之重，居域中之大，将崇极天之峻，永保无疆之休，不念居安思危，戒奢以俭，德不处其厚，情不胜其欲，斯亦伐根以求木茂，塞源而欲流长者也。

凡昔元首，承天景命，莫不殷忧而道著，功成而德衰。善始者实繁，克终者盖寡。岂其取之易、守之难乎？昔取之而有余，今守之而不足，何也？盖在殷忧，必竭诚以待下；既得志，则纵情以傲物。竭诚则胡越为一体，傲物则骨肉为行路。虽董之以严刑，振之以威怒，终苟免而不怀仁，貌恭而不心服。怨不在大，可畏惟人；载舟覆舟，所宜深慎。奔车朽索，其可忽乎！

君人者，诚能见可欲则思知足以自戒，将有作则思知止以安人，念高危则思谦冲而自牧，惧满盈则思江海而下百川，乐盘游则思三驱以为度；忧懈怠则思慎始而敬终，虑壅蔽则思虚心以纳下，惧谗邪则思正身以黜恶，恩所加则思无因喜以谬赏，罚所及则思无因怒而滥刑。总此十思，弘兹九德。简能而任之，择善而从之，则智者尽其谋，勇者竭其力，仁者播其惠，信者效其忠。文武争驰，君臣无事，可以尽豫游之乐，可以养松乔之寿，鸣琴垂拱，不言而化。何必劳神苦思，代下司职，役聪明之耳目，亏无为之大道哉？

# 颜真卿宁死不低头

◎勇于断者，不随其似；明于分者，不混其施。——《古今图书集成·学行典》

颜真卿（709—784），字清臣。唐京兆万年（今陕西西安）人。祖籍唐琅玡临沂（今山东临沂）。书法家。开元二十二年（734年）中进士，登甲科，曾四次被任命为监察御史，迁殿中侍御史。因受到当时的权臣杨国忠排斥，被贬黜到平原（今属山东）任太守，人称颜平原。肃宗时至凤翔授宪部尚书，迁御史大夫。代宗时官至吏部尚书、太子太师，封鲁郡公，人称"颜鲁公"。建中四年（783年）遭宰相卢杞陷害，被遣往叛将李希烈部晓谕，后为李缢杀。

颜真卿是京兆万年（今陕西西安）人，开元进士，任殿中侍御史，后出任平原（今属山东）太守，故世称颜平原。他还是我国历史上著名的书法家。他写的字雄浑刚健，挺拔有力，表现了他的刚强性格。后来，人们把他的字体称为"颜体"。

"安史之乱"后，唐王朝从强盛转向衰落。各地节度使乘机割据地盘，扩大兵力，造成了藩镇割据的局面。唐代宗死后，他的儿子李适即位，就是唐德宗。唐德宗想改变藩镇专权的局面，结果引起了藩镇叛乱。唐德宗派兵讨伐，叛乱不但没有平定，反而蔓延开来了。

782年，有五个藩镇叛乱，其中淮西节度使李希烈的兵势最强。他自称天下都元帅，向唐境进攻。五镇叛乱，使朝廷大为震惊。唐德宗找宰相卢杞商量，卢杞说："不要紧，只要派一位德高望重的大臣去劝导他们，不用动一刀一枪，就能把叛乱平息下来。"

　　唐德宗问卢杞说："你看派谁去合适？"卢杞推荐年老的太子太师颜真卿，唐德宗马上同意。

　　颜真卿是当时一个很有威望的老臣。"安史之乱"前，他担任平原太守。安禄山发动叛乱后，河北各郡大都被叛军占领，只有平原城因为颜真卿坚决抵抗而没有陷落。后来，他的堂兄颜杲卿在藁城起兵，河北17个郡响应，大家公推颜真卿做盟主。在抗击安史叛军中，他立了大功。唐代宗的时候，他被封为鲁郡公。所以，人们又称他颜鲁公。

　　颜真卿为人正直，常常被奸人诬陷排挤，只是因为他的威望高，一些奸人不得不表面上尊重他。宰相卢杞是个心狠手辣的人，他忌恨颜真卿，平时没法下手，这一回趁藩镇叛乱的机会，派颜真卿去做劝导工作，是成心陷害他。

　　这时候，颜真卿已经是70多岁的老人了。许多文武官员听说朝廷派他到叛镇那里去，都为他的安全担心。但是，颜真卿却不在乎，带了几个随从就到淮西去了。

　　李希烈听到颜真卿来了，想给他一个下马威。在见面的时候，叫他的部将和养子1000多人都聚集在厅堂内外。颜真卿刚刚开始劝说李希烈停止叛乱，那些部将、养子就冲了上来，个个手里拿着明晃晃的尖刀，围住颜真卿又是谩骂，又是威胁，摆出要杀他的架势。颜真卿毫不畏惧，面不改色，朝着他们冷笑。

　　李希烈假惺惺站起来护住颜真卿，命令他的养子退出。接着，把颜真卿送到驿馆里，企图慢慢软化他。

　　过了几天，四个叛镇的头目都派使者来跟李希烈联络，劝李希烈即位称帝。李希烈大摆筵席招待他们，也请颜真卿参加。

　　叛镇派来的使者见到颜真卿来了，都向李希烈祝贺说："早就听到颜太师德高望重，现在元帅将要即位称帝，正好太师来到这里，不是有了现成的宰相吗？"

　　颜真卿扬起眉毛，朝着四个使者骂道："什么宰相不宰相！我年纪快八十了，要杀要剐都不怕，难道会受你们的诱惑，怕你们的威胁吗？"

　　四名使者被颜真卿凛然的神色吓住了，缩着脖子说不出话来。

　　李希烈拿他没办法，只好把颜真卿关起来，派兵士监视着。兵士们在院子里掘了一个一丈见方的土坑，扬言要把颜真卿活埋在坑里。第二天，李希烈来看他，颜真卿对李希烈说："我的死活已经定了，何必玩弄这些花招。你把我一刀砍了，岂不痛快！"

　　过了一年，李希烈自称楚帝，又派部将逼颜真卿投降。兵士们在关禁颜真卿的院子里堆起柴火，浇足了油，威胁颜真卿说："再不投降，就把你放在火里烧！"

　　颜真卿二话没说，就纵身往柴火跳去，叛将们连忙把他拦住，向李希烈回报。

　　李希烈想尽办法，没有能使颜真卿屈服，就派人逼迫颜真卿自杀了。

## ◎故事感悟

　　能让一个人不惧生死、不爱功名利禄的力量到底是什么？颜真卿给了我们一个答案，那就是自己的信仰和气节。他刚正不屈，宁死不降，真正体现了一代名臣正直不阿的气节和崇高的品质。

## ◎史海撷英

### 颜真卿师从张旭

　　颜真卿是唐代著名书法家。为了学习书法，颜真卿起初向褚遂良学习，后来又拜在张旭门下。张旭是唐代首屈一指的大书法家，各种字体都会写，尤其擅长草书。颜真卿希望在这位名师的指点下很快学到写字的窍门，从而一举成名。但拜师以后，张旭却没有透露半点书法秘诀。他只是给颜真卿介绍了一些名家字帖，简单地指点一下字帖的特点，让颜真卿临摹。有时候，他带着颜真卿去爬山、游水，去赶集、看戏，回家后又让颜真卿练字，或看自己挥毫疾书。

　　转眼几个月过去了，颜真卿得不到老师的书法秘诀，心里很着急，他决定直接向老师提出要求。

一天，颜真卿壮着胆子，红着脸说："学生有一事相求，请老师传授书法秘诀。"

张旭回答说："学习书法，一要'工学'，即勤学苦练；二要'领悟'，即从自然万象中接受启发。这些我不是多次告诉过你了吗？"

颜真卿听了，以为老师不愿传授秘诀，又向前一步，施礼恳求道："老师说的'工学'、'领悟'，这些道理我都知道了，我现在最需要的是老师行笔落墨的绝技秘方，请老师指教。"

张旭还是耐着性子开导颜真卿："我是见公主与担夫争路而察笔法之意，见公孙大娘舞剑而得落笔神韵，除了苦练就是观察自然，别的没什么诀窍。"

接着，他给颜真卿讲了晋代书圣王羲之教儿子王献之练字的故事，最后严肃地说："学习书法要说有什么'秘诀'的话，那就是勤学苦练。要记住，不下苦功的人，不会有任何成就。"老师的教诲使颜真卿大受启发，他真正明白了为学之道。从此，他扎扎实实勤学苦练，潜心钻研，从生活中领悟运笔神韵，进步很快，终成为一位大书法家，为四大书法家之首。

## ◎文苑拾萃

### 颜真卿纪念馆

颜真卿纪念馆坐落在南京市广州路，东连乌龙潭公园，南望蛇山，西邻龙蟠里，北依清凉山、虎踞关，清静幽雅，翰墨流香。这里原是颜鲁公祠，是全国唯一保存完好的祭祀唐代杰出的政治家、书法家颜真卿的祠庙遗迹。

现存的颜鲁公祠为砖木结构，青砖小瓦，有大殿、配殿、东西厢房12间，占地1500平方米。

1982年，颜鲁公祠被列为市级文物保护单位。1994年、1995年两年，鼓楼区政府拨款全面维修颜鲁公祠。现在颜鲁公祠已按历史原貌修葺一新，原存七块碑刻均完好嵌于殿内墙壁上，并在原放生井上恢复修建了新放生亭一座。庭院内增设景点，栽种名贵花木。全国政协副主席、佛教协会会长赵朴初亲题"书坛泰斗"，镶金匾高悬于大殿内正中上方。

清幽典雅、优美异常的颜真卿纪念馆，以大量的文史资料、实物、书法珍品、古碑帖及拓片介绍颜真卿的生平、政绩和其突出的书法艺术，前来参观、游览的人络绎不绝。颜真卿纪念馆成为组织书法培训、开展海内外书法艺术研究、切磋、交流书法技艺的场所，以其独特的风格成为石城风景区的重要组成部分。

# 嫉恶如仇两父子

◎不易穷变节，不易贱易志。——（汉）桓宽

> 刘基（1311—1375），字伯温，谥曰文成。汉族。温州文成县南田人（旧属青田县）。故时人称他刘青田，明洪武三年封诚意伯，人们又称他刘诚意。武宗正德九年被追赠太师，谥文成，后人又称他刘文成、文成公。元末明初军事家、政治家及诗人，通经史，晓天文，精兵法。他以辅佐朱元璋完成帝业、开创明朝并尽力保持国家的安定而驰名天下，被后人比作诸葛武侯。朱元璋多次称刘基为："吾之子房也。"在文学史上，刘基与宋濂、高启并称"明初诗文三大家"。

明朝开国后，刘基被封为诚意伯。

刘基为人疾恶如仇，执法如山。有一天，朱元璋的老乡李善长有个亲信叫李彬的人犯了法，被刘基抓了起来，查清罪行后，刘基决定要杀掉他。

这时，正好朱元璋外出，李善长连忙去找刘基说情。刘基软硬不吃，还将这件事向朱元璋做了报告。朱元璋勃然大怒，命令立即处死李彬。

不巧，这份回复落到了李善长手里。他不敢隐瞒，但还不甘心。为了救李彬一命，他想出了一个借口。他相信只要讲出这个借口，刘基是不会拒绝他的。

他找到刘基，说："京城很久不下雨了，先生熟知天文，此时不应杀人啊。"

李善长老奸巨猾，以此为借口，便可以将不下雨的责任推到刘基的身上。

刘基说："杀李彬，天必雨！"李彬就这样被杀掉了。

李善长恼羞成怒，等朱元璋一回来，他就煽动很多人攻击刘基。刘基见

实在待不下去了，便告老还乡。

临走前，正值朱元璋头脑发热，想把都城改建在老家凤阳，同时还积极准备北征。刘基便向朱元璋提出建议，说："建都凤阳是绝对不行的。元朝目前还有很强的实力，轻易出兵也是不妥当的。"后来的事实证明，刘基说对了。

朱元璋对刘基的儿子说："现在满朝文武都结党，只有刘基不同。我是明白人，不会亏待他的。"

朱元璋召回刘基，意味深长地说："相位一职，只有先生能担。"

刘基回答说："我知道自己可以担当，但恕难从命，还是另选他人吧。"

于是，朱元璋任命胡惟庸为宰相。

刘基的长子刘琏从小聪慧颖悟，读书两三遍就能倒背如流，终生不忘。刘琏才华横溢，作诗撰文操笔立就，他的老师常常自叹不如。

元明之际，父亲刘基出山，辅佐朱元璋，随大军南征北战，居无定所，刘琏便遵父命在家读书练武。

当时，浙江东南一带常遭方国珍骚扰，刘琏挺身而出，组织村民智歼匪徒，保得一方平安。

朱元璋洪武八年（1375年），时任宰相的胡惟庸见刘基疾恶如仇，恐日后对自己不利，趁刘基患病时，让私人医生用毒药将其害死。

朱元璋下诏征集刘基所著有关观象、占卜、天文、兵法及百家论述等遗作。刘琏遵先父遗嘱，携父亲遗作进京，献给朱元璋。

朱元璋见刘琏满脸英气，谈吐不凡，举止优雅，颇有其父遗风，知道他也是个正人君子，对他十分赏识，便说："你小小年纪，忠孝双全，就留在朕的身边，不要回去了。"

于是，刘琏开始了伴君生活，不但朱元璋喜欢他，而且也深受皇太子尊重。

洪武十年（1377年）秋天，刘琏出任承务郎，后来兼任监察御史，不久转任江西布政使司右参政，进阶中奉大夫。当时全国授官仅四百余人，刘琏是晋升最快的人。

刘琏性情刚毅，疾恶如仇，在江西任上秉公执法，惩治豪强，不畏权贵，不顾个人安危。

同僚韩士原和沈立本为人险恶，因依附胡惟庸得宠，窃居要职，以权谋私。

有一天，沈立本威胁说："你为人刚正不阿，凡事秉公而断，要知道这世间哪有公理？权势和金钱就是公理。你如果继续执迷不悟，恐有性命之忧。"

刘琏勃然大怒道："吾受帝命，参政江右，只知报国而已，其他非我所知，岂敢爱惜生命？"

因江西官绅勾结黑暗势力根深蒂固，刘琏终于忧愤成疾，为保全节操，投井而死，时年33岁。

朱元璋闻知，为之震悼，特御赐祭文，遣朝使前往吊唁。

刘琏擅长写诗，著有《自怡集》一卷，计94首，诗中充满了忧国忧民、疾恶如仇之情。

## ◎故事感悟

　　刘基、刘琏两父子嫉恶如仇，刚正不阿，在昏暗的官场中，父子俩就如黑夜中的两盏明灯，不仅以身作则，涤荡了昏暗的官场，也为后世留下了一段佳话。

## ◎史海撷英

### 刘基的晚年生活

1375年（洪武八年），刘基虽然不良于行，仍然和所有在京官员一样，参加元旦的早朝，随后在奉天殿做了一首《乙卯岁早朝》。这虽属于歌功颂德的应酬文字，但诗中仍可以看见刘基的心情。正月中旬，宋濂的门人刘刚来到刘基的住处，商请刘伯温将宋濂一百多卷的作品择取精华部分编辑成书，以便诵读，也请刘基为新书写一篇序文。他毫不犹豫地答应了。正月下旬，刘基感染了风寒，朱元璋知道了之后，派胡惟庸带着御医去探望。御医开了药方，他照单抓药回来煎服用，觉得肚子里好像有一些不平整的石块挤压在一起，让他十分痛苦。2月中，刘基抱病觐见朱元璋，婉转地向他禀告胡惟庸带着御医来探病，以及服食御医所开的药之后更加不适的情形。朱元璋听了之后，只是轻描淡写地说了一些要他宽

心养病的安慰话，这使刘基相当心寒。3月下旬，已经无法自由活动的刘基，由刘琏陪伴，在朱元璋的特遣人员的护送下，自京师动身返乡。回家后，他拒绝亲人和乡里为他找来的一切药石，只是尽可能地维持正常的饮食。

几天之后，刘基自知来日无多，找来两个儿子交代后事。交代完后事时，又让刘琏从书房拿来一本天文书，对他说："我死后，你要立刻将这本书呈给皇上，一点都不耽误。从此以后，不要让我们刘家的子孙学习这门学问。"又对次子刘璟说："为政的要领在宽柔与刚猛循环相济。如今朝廷最必须做的，是在位者尽量修养道德，法律则应该尽量简要。平日在位者若能以身作则，以道德感化群众，效果一定比刑罚要好，影响也比较深远，一旦部属或百姓犯错，也较能以仁厚的胸怀为对方设身处地地着想，所裁定的刑罚也必定能够达到公平服人，警惕人改过自新的目的；而法律若能尽量简要，让人民容易懂也容易遵守，便可以避免人民动辄得咎无所适从，又可以建立政府的公信力和仁德的优良形象。如此一来，上天便会更加佑我朝永命万年。"又继续说道："本来我想写一篇详细的遗表，向皇上贡献我最后的心意与所学，但胡惟庸还在，写了也是枉然。不过，等胡惟庸败了，皇上必定会想起我，会向你们询问我临终的遗言，那时你们再将我这番话向皇上密奏吧！"4月16日刘基卒于故里，享年65岁。6月，葬于乡中夏中之原。

1513年（明武宗正德八年），朝廷赠他为太师，谥号文成。1531年（明世宗嘉靖十年），因刑部郎中李瑜的建言，朝廷再度讨论刘基的功绩，并决议刘基应该和徐达等开国功臣一样，配享太庙。

## ◎文苑拾萃

### 刘基庙

刘基庙位于浙江文成县南田镇新宅村，旧称诚意伯祠。明天顺二年（1458年）英宗敕建，时浙江布政司右布政白圭、处州知府万安、青田县丞郭仲礼奉行唯谨，告成于天顺三年（1459年）十二月初。原建保存至今修缮多次。庙分头门、仪门、正厅，庙后附有追远祠，庙门外两侧有"帝师"、"王佐"两木坊，总占地面积2944平方米，规模宏伟。正厅中有刘基与其子刘琏、刘璟三尊坐姿塑像。庙内有明天顺五年（1461年）礼部侍郎姚夔撰的碑文，记述刘基生平，并有大量名家撰写的匾额楹联。1961年列为县级文物保护单位，1980年重新确认，1989年12月列为省级重点文物保护单位。

1985年农历六月十五日，县人民政府召开纪念刘基诞辰675年大会，特邀上海、浙江、湖北、湖南等地28位学者、教授及知名人士参加。其中有著名教授涂规、苏渊雷及浙江省府参事室主任刘劲持、省文化厅副厅长毛昭晰、省文物局副局长梅福根等，附近13个县（市）刘氏后裔亦派代表参加，连同当地群众，参与活动的达3万余人。活动内容有纪念大会、学术讨论、民间祭祀、实地观光、电影戏剧、龙灯车灯等，成为南田山有史以来最为热闹的一次文物保护与民俗盛会。

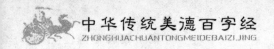

# 海瑞不畏强权

◎言成事者，以功著而易显；谋几初者，以理隐而难昭。——《后汉书》

海瑞（1514—1587），字汝贤，自号刚峰。广东琼山县人。回族。出身于小官僚家庭，家境贫寒。由于自小刻苦攻读，于嘉靖年中举，被任命为福建延平府南平县教谕。由于他清廉刚正，治学有方，而且很有办事能力，引起释道官和上司的注意，纷纷向上呈报举荐。嘉靖三十七年，他被升任为严州府淳安县知县，从此开始了为官生涯。他历任户部主事、应天巡抚、南京吏部右侍郎及南京右合都御史等职，在任上或上书直谏、主持正义，或推行其改革措施、惩罚恶势力，或平反冤狱、为民申冤，在历史上建立了不朽的功勋，民间因而有"海忠介公居官公案"等传说。

海瑞，广东琼山人，即现在的海南岛，字汝贤，号刚峰。他取此号的意思是一切以刚为主，要终生刚直不阿，因此人们尊称他为刚峰先生。

海瑞是明朝嘉靖时期的著名清官，因他敢于直言进谏，惩恶扬善，一心为民谋利，被人民敬为海青天、南包公。

在严嵩掌权的日子里，别说是严家父子，就是他们手下的同党，也没有一个不是依官仗势、作威作福的。上至朝廷大臣，下至地方官吏，谁都让他们几分。可是在浙江淳安县里，有一个小小知县却能够秉公办事，对严嵩手下党羽，一点不讲情面。他就是大名鼎鼎的海瑞。

海瑞从小死了父亲，靠母亲抚养长大，家里生活十分贫苦。20多岁中了举人后，他做过县里的学堂教谕，教育学生十分严格认真。不久，上司把他调到浙江淳安做知县。过去，县里的官吏审理案件，大多是接受贿赂、胡乱定案的。海瑞到了淳安，认真审理积案。不管什么疑难案件，到了海瑞手里，都一件件调查得水落石出，从不冤枉好人。当地百姓都称他是"青天"。

海瑞的顶头上司浙江总督胡宗宪，是严嵩的同党，仗着有后台，到他处敲诈勒索，谁敢不顺他心，谁就倒霉。

有一次，胡宗宪的儿子带了一大批随从经过淳安，住在县里的官驿里。要是换了别的县份，官吏见到总督大人的公子，奉承都来不及。可是在淳安县，海瑞立下一条规矩，不管大官贵戚，一律按普通客人招待。

胡宗宪的儿子平时养尊处优惯了，看到驿吏送上来的饭菜，认为是有意怠慢他，气得掀了饭桌，喝令随从把驿吏捆绑起来，倒吊在梁上。驿里的差役赶快报告海瑞。海瑞知道胡公子招摇过市，本来已经感到厌烦，现在竟吊打起驿吏来，就觉得非管不可了。海瑞听完差役的报告，装作镇静地说："总督是个清廉的大臣。他早有吩咐，要各县招待过往官吏，不得铺张浪费。现在来的那个花花公子，排场阔绰，态度骄横，不会是胡大人的公子。一定是什么地方的坏人冒充公子，到本县来招摇撞骗的。"说着，他立刻带了一大批差役赶到驿馆，把胡宗宪儿子和他的随从统统抓了起来，带回县衙审讯。一开始，那个胡公子仗着父亲的官势暴跳如雷，但海瑞一口咬定他是假冒公子，还说要把他重办，他才泄了气。海瑞又从他的行装里搜出几千两银子，统统没收充公，还把他狠狠教训一顿，撵出县境。

等胡公子回到杭州向父亲哭诉的时候，海瑞的报告也已经送到巡抚衙门，说有人冒充公子，非法吊打驿吏。胡宗宪明知道儿子吃了大亏，但是海瑞信里没牵连到他，如果把这件事声张起来，反而失了自己的体面，就只好打落门牙往肚子里咽了。

过了不久，又有一个京里派出的御史鄢懋卿被派到浙江视察。鄢懋卿是严嵩的干儿子，敲诈勒索的手段更狠。他到一个地方，地方官吏要是不"孝敬"他一笔大钱，他是不肯放过的。各地官吏听到鄢懋卿要来视察的消息，都犯了愁。但是鄢懋卿偏又要装出一副奉公守法的样子，他通知各地，说他向来喜欢简单朴素，不爱奉迎。海瑞听说鄢懋卿要到淳安，给鄢懋卿送了一封信去，信里说："我们接到通知，要我们招待从简。可是据我们得知，您每到一个地方都是大摆筵席，花天酒地。这就叫我们为难啦！要按通知办事，就怕怠慢了您，要是像别地方一样铺张，只怕违背您的意思。请问该怎么办才好？"鄢懋卿看到这封信揭了他的底，直恼得咬牙切齿。但是他早听说海瑞是个铁面无私的硬汉，又知道胡宗宪的儿子刚在淳安吃过大亏，有点害怕，就临时改变主意，绕过淳安，到别处去了。

为了这件事，鄢懋卿对海瑞怀恨在心，后来，他指使同党在明世宗面前狠狠告了海瑞一状，海瑞终于被撤了淳安知县的职务。等到严嵩倒了台，鄢懋卿也被充军到外地，海瑞才恢复了官职，后来又被调到京城。

海瑞到了京城，对明世宗的昏庸和朝廷的腐败情况见得更多了。那时候，明世宗已经有二十多年没有上朝，他躲在宫里一个劲儿跟一些道士们鬼混，一些朝臣谁也不敢说话。海瑞虽然官职不大，却大胆写了一道奏章向明世宗直谏，把明王朝造成的腐败现象痛痛快快地揭露出来。他在奏章上写道："现在吏贪官横，民不聊生，天下的老百姓对陛下早就不满了。"

海瑞把这道奏章送上去以后，自己估计会触犯明世宗，可能保不住性命。回家的路上，顺道买了一口棺材。他的妻子和儿子看到全吓呆了。海瑞把这件事告诉了亲人们，并且把他死后的事一件件交代好，把家里的仆人也都打发走了，准备随时被捕处死。

果然，海瑞这道奏章在朝廷引起了一场轰动。明世宗看了，又气又恨，把奏章扔在地上，跟左右侍从说："快把这个人抓起来，别让他跑了！"旁边有个宦官早就听到海瑞的名声，跟明世宗说："这个人是个出名的书呆子，他早知道触犯了陛下活不成，把后事都安排了。我看他是不会逃走的。"

后来，明世宗还是下命令把海瑞抓了起来，交给锦衣卫严刑拷问。直到明世宗死去，海瑞才得到释放，其英名流传至今。

◎故事感悟

在整个社会风气都是官官相护、贪污腐败的情况下，像海瑞这样一生为民谋福利、不畏强权的官员需要付出极大的勇气和毅力。刚正不阿、直言敢谏的海瑞名垂青史，成为千古传颂的佳话，也为我们后人留下了宝贵的精神财富。

◎史海撷英

## 木匠皇帝

一般来说，皇室成员人品也许不太好，但文化水平都挺高的，毕竟从小就接受名师教导嘛。可明熹宗却是个另类，他身为皇帝，却是个文盲。

原来明熹宗的父亲明光宗不被其祖父明神宗所喜爱，明熹宗直到16岁的时候被立为皇太孙，才开始接受启蒙教育。可仅仅两个月后，明神宗和明光宗都死了，明熹宗还没来得及把笔画顺序搞清楚就登上了皇位，成了一个文盲皇帝。

明熹宗最信任的人是乳母客氏，客氏的"对食"（"对食"就是宫女和太监结为假夫妻）是魏忠贤，所以魏忠贤也受到了明熹宗的宠爱。魏忠贤的权欲极重，把明熹宗牢牢掌握在了手中。

明熹宗最擅长的是做木匠活，据说他的木匠手艺比很多高明的木匠有过之而无不及。他自己制作的木器无论式样、色彩还是质量都堪称一绝。当时皇宫里的床又笨重又不好看，往往要十几个人才能抬得动。明熹宗觉得那些工匠没用，干脆自己动手设计，花了一年多的时间亲手造出一张床，这种床可以折叠，上面还雕了很多花纹，重量又很轻，方便携带又美观大方，当时的木匠们看了之后都啧啧称奇。

明熹宗还很喜欢做一些小玩具，他做的玩具栩栩如生，活动自如。他每做出一个玩具都会让人拿到市场上去卖，别人一听说是皇帝亲手制作的，加上确实也做得很好，纷纷出高价购买。明熹宗见自己的手艺得到了认可，工作热情越来越高，经常干木匠活干到半夜都不休息。明熹宗还擅长做木偶，他亲手做了一套专门用来演木偶戏的木偶，亲自给它们上漆。皇宫里面经常上演木偶戏，大家看得如痴如醉，明熹宗的虚荣心得到了极大满足。他还经常自己动手造房子，往往造好后又拆掉，然后重新设计新图样，从来不会感到厌倦。当然了，国家大事早就被他抛在了脑后。每当明熹宗玩得正开心的时候，魏忠贤就拿着公文来找他，请他批阅。明熹宗哪里舍得放下手中的木匠活，往往很不耐烦地挥挥手，说："知道了，你们看着办就是了，这种事也来问我！"魏忠贤就得以为所欲为。

◎文苑拾萃

## 海瑞歇马庙

海瑞歇马庙前身为潘湖临漳元帅小庙，始建于明惠帝建文二年庚辰（1400年）十月，由金墩潘湖黄氏二世祖黄仕龙倡建，建筑结构为三开间，单檐硬山式二进，奉祀潘湖临漳田都元帅雷氏，俗称"金湖大元帅"，因"雷"字遮风避"雨"成"田"字，祈求风调雨顺，故称田都元帅，是观音保护神，又称田相公。

田帅祠在南安县北坑口长寿福地，奉祀唐镇帅雷海青，浙江钱塘人，统兵剿寇于武荣（即泉郡鲤城晋江）桃林（永春）七间，田镇抚其地，卒葬罗溪山，甚著灵响，民藉其庇，立庙祀之，后赐庙额"昭惠"。延至明嘉靖四十五年（1566年），户部主事海瑞买棺材，别妻子，散童仆，以死上疏，劝说世宗不要相信陶仲文这班方士的骗术，应振理朝政，因而激怒世宗，诏命下狱论死，遭迫害入狱。宰相涂阶力救海瑞，时任刑部尚书黄光升则把海瑞上疏比拟儿子骂父，以减轻罪责，并乘机把海瑞留在狱中，营护海瑞甚力。直至同年十二月世宗驾崩，隆庆元年初穆宗即位，潘湖里人黄光升奏请新帝释放海瑞出狱获准。

明隆庆元年秋，由户部主事擢为南京右佥都御史的海瑞专程骑马前来泉州府城南十里许潘湖，拜谢恩人复起南京刑部尚书黄光升，以表营护之恩。当海瑞骑马路过潘湖临漳田都元帅庙前时，所乘之骏马甚通人性，突然下跪。海瑞心里顿感奇疑，下马察视恍然大悟，原来是马通人性，跪拜恩师。于是向村民借来文房四宝，挥毫书匾"歇马庙"三字以示尊敬，乡人则以"歇马庙"三字作为庙额，置于大门上方，以纪念海瑞对潘湖八世祖黄光升的报恩之情。

清康熙九年岁次庚戌（1670年）秋，潘湖十二世孙清东阁大学士黄锡衮率族鼎修，塑海瑞、黄光升二公石雕于庙庭（后日寇犯入轶失），如今"歇马庙"三大字墨宝犹存，由泉州文管会代收藏。"歇马庙"三字墨宝载于《泉州名匾录》，从此晋江潘湖海瑞歇马庙成为晋江一大文物古迹。

ZHONGHUACHUANTONGMEIDEBAIZIJING

中华传统美德百字经

刚·刚强不屈

# 第二篇

血泪抗争　英勇不屈

# 段匹磾死不叛晋

◎不曰坚乎，磨而不磷，涅而不缁。——《论语》

段匹磾（生卒年不详），西晋鲜卑族段部首领。出于东部鲜卑，世居辽西，为部族大人。西晋末，父务勿尘受封辽西公、大单于，他为左贤王，假抚军大将军。建武元年（317年），与刘琨结盟，共讨石勒。后领幽州刺史，封渤海公，与刘琨等上表司马睿进位。318年辽西公段疾陆眷病逝，其子年幼，叔父段涉复辰自立，被段疾陆眷之弟段匹磾所阻。段匹磾乘机杀了段涉复辰及其子弟党羽二百余人，自立为辽东公。其间，因族内诸首领长期互相攻杀，力量逐渐削弱。太兴元年（318年），他杀掉刘琨，又数为石勒、石虎所败，势渐蹙，终降于石氏，署为冠军将军。后因谋乱，事败被杀。

段匹磾其家世代为东部鲜卑头人，其父务勿尘因功被西晋朝廷封为辽西公，晋怀帝即位，"以务勿尘为大单于，匹磾为左贤王"。段匹磾深感晋朝廷之恩，誓死效忠晋王朝。父亲去世后，其兄段疾陆眷继位为单于。段匹磾率所部鲜卑协助西晋军队，不断同匈奴族前赵政权的大将石勒作战。

由于石勒势力强大，西晋乐陵（在今山东惠民东北）太守邵续父子都归降石勒。这时，段匹磾为幽州（治所蓟县，今北京）刺史，他写书信，以大义相劝，要邵续归晋，拥戴司马睿。邵续见信后，深受感动，他不顾自己儿子被石勒杀害，而归顺了晋朝廷。建武六年（317年）六月，段匹磾同晋司空、并州（治所晋阳，在今山西太原西南）刺史刘琨、邵续等180人上表请司马睿继承皇帝之位，以中兴晋朝。

面对前赵石勒强大凶悍的军事力量，拥戴晋王朝的各支武装力量，决定联合对抗石勒。于是刘琨、段匹磾、段疾陆眷等结盟，段匹磾推刘琨为大都督，以盟主身份统一领导对石勒作战。

不久，段疾陆眷因病去世，辽西公、大单于的继承问题，引起了东部鲜卑人的内讧。段匹磾由刘琨世子刘群陪同前往奔丧。段匹磾之叔涉复辰、从弟末波，在抗击石勒的过程中常常动摇，所以，段匹磾准备自任东鲜卑首领，以便更好地为晋王朝效力。末波得知段匹磾的打算，为了实现自己当单于的野心，便起兵迎击段匹磾，俘获了刘群，末波又杀死段涉复辰，自立为单于。

末波为消灭段匹磾，彻底除掉与自己争夺单于位的对手，便阴谋同刘琨联手。末波首先礼遇被俘的刘群，并引诱刘群，许以其父刘琨为幽州刺史，条件是刘琨为内应，联合攻击段匹磾。刘群答应了末波的要求，并写信给刘琨。段匹磾截获了送信的使者和信函，但他没有冷静认真地分析，上了末波的当，以为刘琨真要害自己，便杀死了刘琨，并且攻占了并州，致使"晋人离散"。联合被破坏了，段匹磾的力量也变得孤单了，不仅要对抗石勒，还要防备末波。段匹磾难以支持，便去投靠邵续。

末波率军进攻，段匹磾被打败，并受了伤。但他对晋王朝的忠诚始终末动摇，决心继续同叛晋的末波斗争。段匹磾对邵续说："吾夷狄慕义，以至破家，君若不忘旧要，与吾进讨，君之惠也。"曾受到段匹磾以忠国大义相激励的邵续回答道："赖公威德，续得效节。今公有难，岂敢不俱！"于是合力与末波作战。段匹磾还派弟弟文鸯北攻末波之弟于蓟（今北京）。

当邵续兵败被俘之后，石勒之子石虎率兵包围了乐陵。文鸯率壮士数十骑出城杀敌，斩杀敌兵至多，后马乏，伏而不起，石虎前来劝降，文鸯怒骂，表示誓死不降。他下马步战，槊折，又用刀，最后被俘。见骁勇的弟弟被俘，段匹磾知道孤城难抗石虎大军，决定单骑回晋朝廷，邵续之弟邵泊以兵拦阻，并准备把东晋朝廷的使者捆送给石虎，段匹磾正言斥责邵泊道："卿不能尊兄之志，逼吾不得归朝，亦以甚矣，复欲执天子使者，我虽胡夷，所未闻也。"并对晋朝廷使者表明了自己的心迹："匹磾世受重恩，不忘忠孝。今日事逼，欲归罪朝廷，而见逼迫，忠款不遂。若得假息，未死之日，心不忘本。"随后，段匹磾便渡黄河南行，被石虎俘获。是时为东晋大兴四年（321年）。

段匹磾被俘之后，仍然心存晋朝廷。他对石虎说："我受国恩，志在灭汝。不幸吾国自乱，以至于此。既不能死，又不能为汝敬也。"表示自己决不忘故国晋朝，也决不会降赵。段匹磾被押到襄国（治所司州，今河北邢台），石勒封其为冠军将军，段匹磾拒而不受，见石勒也不为礼。尤其可贵的是，他"常著朝服，持晋节"。不仅如此，他还谋起事，被关一年之后，终于被石勒杀害了。

◎故事感悟

段匹磾作为晋王朝的鲜卑族将领，为维护晋王朝的尊严拼死战斗，即使兵败被俘也毫不动摇。面对敌人的劝降和高官的引诱，他也毫不为动，矢志不变节、不叛晋，表现了忠贞不屈、以死报国的爱国主义精神和坚贞的品格。

◎史海撷英

### 石勒起兵

石勒出身羯族，居上党武乡。曾被卖为家奴。刘渊称汉王时，他参加起义。

311年四月，石勒在苦县（河南鹿邑）宁平城消灭10余万晋军，晋军元气大伤。六月，王弥、刘曜等攻下洛阳，杀王公以下3万余人，俘获晋怀帝。八月，又攻下长安。后来，晋将贾匹等在关中汉人的支持下夺回长安，迎司马邺为帝，是为愍帝。

316年（建兴四年），刘曜围长安，愍帝出降，西晋灭亡。

◎文苑拾萃

### 西晋特色

西晋乃魏晋南北朝中唯一一处于统一的年代。由于魏晋以来世家大族在地方上长期割据，地位可比帝王（如司马氏篡曹魏正是），长期以来令中国处于分裂割据局面。在曹魏时，世族受到一定的抑制，且晋武帝凭借其威望，又先后分封宗室郡国并都督诸州和实行占田制、荫客制，也稍微限制世家大族的无限扩张。司马炎代魏后，认为魏之灭亡，是由于宗室不强，导致权臣篡位，所以就改变了曹魏的中央集权制，学习西周大搞分封，希望司马氏的统治会因此而"历纪长久，本支百世"。但藩王拥兵割据，晋武帝一死，八王之乱，失去了维系统一的重心，中国又再一次分裂。同时，西晋另一特色是胡人内迁。汉末以降，北方大量少数民族迁入，西晋时关中一带胡人已占当地人口一半。这些胡族本身都是被世家大族收作奴婢（五胡十六国时君主之一的石勒即为一例）。由于迁入人口数目相当多，与关中一带汉人相差不远，形成割据势力，为西晋亡国埋下伏线。

# 段秀实英勇就义不从贼

◎虽有暴政，不更其所。——《礼记》

段秀实（718—783），字成公。陕西千阳人。唐代名将。幼读经史，稍长习武，言辞谦恭，朴实稳重。先后任安西府别将、陇州大堆府果毅、绥德府折冲都尉等职。"安史之乱"时，授泾州刺史，封爵张掖郡王。766年后，任泾州刺史兼御史大夫，四镇北庭行军泾原郑颖节度使，总揽西北军政四年，吐蕃不敢犯境，百姓安居乐业。780年，加封检效礼部尚书，不久因杨炎进谗贬司农卿，调回长安。783年，泾原兵变，在长安拥太尉朱泚为大秦皇帝，他当庭勃然而起，以笏板击朱泚，旋被杀。朝野赞叹："自古殁身以卫社稷者，无有如秀实之贤。"

唐德宗建中四年（783年）十月初三，赴襄城救援的泾原（方镇，治所泾州，今甘肃泾川北）士兵五千人，到达京师长安（今陕西西安）后便发生叛变，唐德宗逃奔奉天（今陕西乾县）。兵变将士迎前泾原节度使朱泚为主。朱泚谋为皇帝。光禄卿源休怨恨在建中三年（782年）出使回纥，所得赏赐太薄，所以依附于朱泚为之谋划，极力拉拢唐德宗时失意的文官武将，朱泚立即想到了在自己之前任泾原节度使的段秀实，便派遣数十骑去召请。

建中元年（780年）二月，段秀实因所议不合宰相杨炎之意，被削去军权，罢节度使，为司农卿。

朱泚认为，段秀实失去兵权，必定对唐朝廷不满，依附于自己。而且朱泚知道，段秀实在泾原节度使任上甚得人心，想利用他帮助控制军队。当召请段秀实的骑将到段宅时，段秀实"闭门拒之"。这些骑士翻墙进院，胁迫段秀实去见朱泚。段秀实知道已无法避开，便与子弟告别道："国家有患，吾于何避之，当以死殉社稷。"段秀实抱着以死殉国、决不从贼的决心，去见叛贼。同时，他准备见机行事，设法捍卫大唐江山。

朱泚见召来段秀实，非常高兴，认为"段公来，吾事济矣"。段秀实见到朱泚之后，便劝说道：泾原军因赏赐欠丰而变，造成皇上出走。你本以忠义为称，现在应以祸福劝众人，"扫清宫室，迎乘舆，公之职也"。朱泚听了，很不高兴，不过他认为，自己与段秀实都受到朝廷的不公正对待，还是准备拉拢段秀实，对段秀实"推心委之"。

段秀实见朱泚并没有悔改之意，便暗中组织力量，设法诛杀朱泚。段秀实主持泾原军政之时，"清约率易"，"无赢财"，受到部下的拥护。尤其是左骁卫将军刘海宾、泾原都虞侯何明礼、孔目官岐灵岳，以前都受到段秀实的照顾，对他十分尊重，于是段秀实便找三人密谋，计划杀叛贼，迎接唐德宗回京。

正在这时，源休为朱泚设谋，声言迎接唐德宗回京，而派大将韩旻率领精锐士卒三千奔袭奉天。当时奉天守备十分单弱，段秀实见形势危急，便让岐灵岳设法伪造文书，将韩旻及其所率之叛兵召回，这样便可以保住奉天。岐灵岳伪造了文书，却没有窃取到泾原节度大印，段秀实急中生智，便在召韩旻回兵的文书上倒盖司农寺的大印，派善走者追上韩旻。韩旻见了伪造文书，信以为真，当即回军京城，使奉天暂免袭击。

段秀实派人去追召韩旻的同时，便与刘海宾、何明礼、岐灵岳等商议，他们明白，韩旻一回来，伪造文书之事便会败露。段秀实对他们说："我当立搏？此之杀之，不克则死，终不能为之臣也！"再次表明自己将以身杀贼、誓不从贼的决心。同时，段秀实让刘海宾、何明礼连结忠义士兵，在自己同朱泚搏斗时作为外应。

十月初七，韩旻率兵回京，朱泚见状大惊，这时岐灵岳挺身而出，独自承担伪造文书的责任，保护了段秀实等人。朱泚残忍地处死了岐灵岳。

当天，朱泚为自己称帝之事召集源休和段秀实等人进行议论。听到朱泚阴谋篡位，段秀实勃然大怒，他挺身而出，从源休手中夺下象笏，向前唾朱泚之面，大骂："狂贼！吾恨不斩汝万段，岂从汝反耶！"朱泚等毫无防备，见此状况，都大吃一惊。段秀实早已将生死置之度外，用笏猛力击朱泚，朱泚用手抵挡，笏击中朱泚额头，血溅洒地。朱泚与段秀实扭打相搏，朱泚手下之人，一个个不知所措。

过了一阵，叛将才醒悟过来，投降朱泚的唐延司空李忠臣上前拉住段秀实，使朱泚得以爬着逃脱。段秀实见杀朱泚之事不成，便对着朱泚的党徒喊道："我不同汝反，何不杀我！"叛兵叛将一拥而上，杀了段秀实。没过几天，朱泚又杀害了刘海宾。以后，何明礼随朱泚攻奉天时，再次谋杀朱泚，不成被杀。

◎故事感悟

段秀实受诬被唐德宗削夺军权，但他对国家从无怨恨。当国家处于危难之中时，他奋起卫国，不惮杀身。段秀实这种不以个人恩怨得失而改变对祖国忠诚和热爱的精神，自古以来就受到人们的赞颂，即使在今天，也是值得称许的。

◎史海撷英

### 元和中兴

自奉天之难以后，唐朝有吐蕃、回纥、南诏等外患，内有宦官掌权，禁军兵权甚至皇帝的废立都由宦官决定。节度使对地方有独立于中央的管理权。唐德宗死后，经过了顺宗的过渡阶段，然后由永贞内禅而受宦官支持的唐宪宗登基，依靠禁军的兵力令全国所有的藩镇至少名义上全部归服唐朝，史称"元和中兴"。

◎文苑拾萃

### 唐朝书法绘画艺术

唐朝艺术与前后朝代都迥然不同。初唐的阎立本、阎立德兄弟擅画人物；吴道子则有"画圣"之称呼，他兼擅人物、山水，并吸收了西域画派的技法，画面富于立体感，有"吴带当风"之说；张萱和周昉以画侍女图为主，他们的著名作品有《捣练图》、《虢国夫人游春图》和《簪花仕女图》等；诗人王维擅长水墨山水画，苏轼称他"画中有诗"。

　　唐朝的壁画事业特别发达，莫高窟与墓室壁画都是传世精品。唐朝的雕刻艺术同样出众，敦煌、龙门、麦积山和炳灵寺石窟都是在唐朝时期步入全盛，龙门石窟的卢舍那大佛和四川乐山大佛都令人赞叹，昭陵六骏、墓葬三彩陶俑都非常精美。其中，雕刻家杨惠之被称为塑圣。

　　唐朝时期，书法家辈出。欧阳询、虞世南都是初唐著名书法家，欧阳询的楷书笔力严整，其名作有《九成宫醴泉铭》；虞世南楷书字体柔圆。颜真卿和柳公权是唐朝中后期的著名书法家，颜真卿的楷书用笔肥厚，内含筋骨，劲健洒脱，其代表作有《多宝塔碑》；柳公权的字体劲健，代表作有《玄秘塔碑》，世人称颜柳二人书法为"颜筋柳骨"。张旭和怀素则是草书大家。

# 陈明遇、阎应元拒降守江阴

◎正直者不可屈曲,有学问者必能辨是非。——(宋)欧阳修

---

阎应元(?—1645),字丽亨。顺天通州(今北京通县)人。

---

顺治二年(1645年)六月,清朝廷重申剃发令,压抑汉族广大人民,激起了人民的强烈反抗。大江南北人民纷纷起来抗清,其中,江阴、嘉定的抗清斗争尤为可歌可泣。

顺治二年六月,清朝江阴知县方亨一上任,便清查户口,禁止人民私藏武器,强迫人民剃发,激起江阴城乡人民的激烈反抗。闰六月初一,城内市民罢市,四乡农民十余万到县城示威,群情激奋,齐呼:"头可断,发决不可剃!"并杀死了知县方亨,公推江阴典史陈明遇主持军务,守城抗清。于是四乡农民纷纷带着武器、粮食进城参加保卫江阴,抗击清军的战斗。

陈明遇命安徽人邵康公为将,与清军战斗失利,清军逼至江阴城下。安徽人程璧把全部家产充为军饷,自己去吴淞总兵官吴志葵处求援。驻扎江边的明将周瑞龙及邵康公再次被清兵击败,江阴形势更为险恶。于是人们推举前任江阴典史阎应元出来主持守城抗清军事。

崇祯年间,阎应元曾为江阴典史,以军功迁英德(今属广东)主簿,因道阻未赴任,寓居江阴。众人都认为阎应元善于用兵,陈明遇便请阎应元入城,主持军务。阎应元与陈明遇将全城百姓编为保、户,发动富户出资助饷,组织匠人制造兵器,加固城墙,安排义兵轮流值班守卫城池。

　　降清将领刘良佐多次攻城，都被阎应元领导江阴军民击败。一次，刘良佐用牛皮帐攻击江阴城的东北部，阎应元则以炮石大力反击，挫败了刘良佐。攻城失败了，刘良佐便到江阴城下劝说阎应元投降，阎应元大义凛然地予以拒绝，并说道："我一典史耳，尚不忘故国。汝爵为列侯，握重兵，不能捍卫疆圉，乃为敌前驱，何面目见我耶！"使这个降将无言以对，惭愧而去。

　　八月，降清将领李成栋攻陷松江（今属上海）后，集中14万军队围攻江阴。八月十五日中秋节，阎应元、陈明遇给士兵发赏月钱，陈明遇慷慨悲歌，抒发了与城共存亡的激烈情怀。

　　八月二十一日，清兵以200余尊大炮集中轰击城墙，从后城攻入。陈明遇举火焚烧自家，陈家大小43口全部殉难，陈明遇持刀冲在前面继续战斗，他身上负伤多处，仍握刀直立，倚在墙上，始终不倒，壮烈牺牲。阎应元在清兵入城后，率领义兵同清军进行巷战。最后阎应元"赴水，被曳出"，惨遭清兵杀害。清兵对江阴军民的顽强抵抗十分痛恨，入城后进行了血腥的大屠杀，使江阴全城几乎无一活命。许多人坚强不屈，投井、跳池自杀者甚多，至江阴城内大小井池全都填满了。

◎故事感悟

　　陈明遇、阎应元在民族尊严受到损害之时，坚持民族气节，誓死不剃发，领导江阴军民进行了保卫城池、抗击清军的顽强战斗。面对来势汹汹的强大清军，江阴人民不怕牺牲，殊死拼杀，给清军以沉重的打击。这充分体现了江阴人民不屈的民族气节。

◎史海撷英

### 福王之死

　　明神宗非常贪财，他在全国各地都设立了矿监和税监，征收上来的金银珠宝有很大一部分都赏赐给了福王。可以说，福王是当时除了皇帝之外最富有的人。

　　大臣们的劝谏让皇帝烦透了，为了堵住他们的嘴，他干脆提出要给福王4万顷良田作为他的田庄，不然就不让他走。大臣们都傻了，因为洛阳附近根本就没有这么多无主土地，如果非要凑这么多良田的话，就只能从百姓手中剥夺了。叶向高等人据理力争，认为这根本不可能办得到，福王也觉得这太过分了，表示可以少要一点，好不容易才减为两万顷。但是洛阳附近还是没有这么多土地，最后从山东、湖广一带拨了很多土地到福王名下，这才把地凑齐。

　　福王对这些赏赐其实并不满意，他比父亲还贪婪，他要父亲把张居正的家财全部给自己，还要从江都到太平一段的赋税和四川的盐税归他所有。明神宗爱子心切，都答应了。福王还要了几十万斤盐，在洛阳开了个盐店。他实际上拿了几百万斤，还下令洛阳人不准买其他店里的盐，自己坐收暴利。由于他不让百姓买河东的盐，河东盐卖不出去，害得河东的盐官都被贬了职。很多人请求明神宗不要让福王卖盐了，但根本不起作用。

　　明末农民起义军对朝廷提出了很多指责，其中很重要的一条就是"耗天下以肥王"，还说福王比朝廷还富。正因为明神宗对福王的溺爱，害得天下百姓饭都吃不饱，最后只能揭竿而起。朝廷派的军队经过洛阳的时候，士兵们都吃不饱饭，他们都指责福王，说福王那么有钱，却让他们饿着肚子去送死，军心涣散。

　　崇祯十三年（1640年），李自成打到了洛阳城下。福王还不知道呢，他仍然和平时一样我行我素，天天饮酒作乐。当时河南正闹饥荒，可他却一粒粮食都舍不得拿出来赈济灾民。等李自成的军队将洛阳团团围住后，他才紧张起来，拿出1000两黄金招募了一批亡命之徒。晚上那些人偷偷出城，杀到起义军大营中。起义军没有防备，被打了个措手不及。但那些人只是乌合之众，等起义军反应过来后，把他们杀了个片甲不留。

　　过了几天，守城的官兵也忍不住了，他们辛辛苦苦地守城，福王却一毛不拔，他们干脆打开城门投降了起义军。福王见大事不妙，赶紧用绳子把自己吊下城，躲在一间破庙里面。天亮后被起义军发现，把他带到李自成面前。

　　李自成非常痛恨福王的贪婪，他指着那些饥民说："你身为亲王，天下一半的财富都在你手里。现在闹饥荒，你居然都不肯把粮食分给百姓。你这种守财奴真该死！"说完后让左右把福王拖出去重打40大板，然后砍下了他的脑袋。李自成把福王的财宝全部分给了将士和百姓们，大家欢呼雀跃，百姓纷纷加入起义军。

◎文苑拾萃

## 乡试和会试

　　明朝的科举分为乡试和会试两级。子、午、卯、酉之年，在各省省城举行乡试，也叫秋闱，考中者称为举人。辰、戌、丑、未之年，各地举子会集京城举行会试，也叫春闱，考试合格的称作贡士。贡士再经过由皇帝亲自主持的殿试，考试合格者统称进士，分三甲张榜公布：一甲三人，分别是状元、榜眼、探花，赐进士及第；二甲若干人，赐进士出身；三甲若干人，赐同进士出身。所有进士都由朝廷委以官职。朝廷规定，所有的考试命题，一律出自《四书》、《五经》，考生的答案限制以宋朝朱熹所作的《四书集注》为依据，不准有自由发挥，文章的格式、用语都有统一的体式，即所谓的"八股文"。明朝的科举制度，实际上不是为国家选拔人才，而是为专制政权选拔奴才，它已经成为文化进步的阻碍。

# 忠烈韦粲满门殉国

◎是非久自见，不可掩也。——《晋书》

韦粲（496—549），字长茜。京兆杜陵（今陕西西安东南）人。祖父为车骑将军韦睿，父亲韦放为北徐州（治所钟离，今安徽凤阳东北）刺史。韦粲"有父风，好学仗气，身长八尺，容貌甚伟"，曾仕晋安王行参军、东宫领直、招远将军、太子仆、左卫率。

　　南朝梁武帝太清二年（548年）八月，侯景于寿阳（今安徽寿县）起兵，反叛朝廷，梁朝上下一片惊慌。这时，持节督衡州（治所阳山，今广东英德西北）诸军事、安远将军、衡州刺史韦粲应召回建康（今江苏南京）为散骑常侍。十二月，至庐陵（治所石阳，今江西吉水东北），听说发生侯景叛乱，便简阅所部，得精兵五千，马百匹，日夜兼程赶赴国难。到豫章（今江西南昌）时，听说侯景已出横江（在今安徽，和县至含山）。韦粲便同内史刘孝仪商量。刘孝仪认为，如果侯景反叛属实，皇帝会发敕书，劝韦粲不可轻信人言。刘孝仪还置酒款待，韦粲大怒，以酒杯掷地说道："贼已渡江，便逼宫阙，水陆俱断，何暇有报！假令无敕，岂得自安！韦粲今日何情饮酒！"说完，骑马驰出部署军队，充分表明了韦粲对国家的满腔忠诚。

　　大同十一年（545年），韦粲迁通直散骑常侍，未拜，出为衡州刺史，至州不久，便上表求解职，故太清二年被征召。

　　在韦粲领兵要出发之时，江州（治所今江西九江）刺史、当阳公萧大心遣使者邀请韦粲。韦粲当即去见这位梁朝宗室，商议讨伐侯景、卫护梁朝廷之事。韦粲对萧大心说："上游藩镇，江州去京最近，殿下情计诚宜在前。但中流任重，当须应接，不可阙镇。今宜且张声势，移镇湓城（即江州，今江西九江），遣偏将赐随，于事便足。"萧大心认为韦粲言之有理，便同意了，派将军柳昕率兵两千人随同韦粲赴京救援。为了尽快赴国救难，韦粲"悉留家累于江州，以轻舸就路"。韦粲率军到达南豫州（治所淮南，今安徽当涂）时，其表弟司州（治所今河南信阳）刺史柳仲礼也率领步骑兵万余人到达横江，韦粲立即送去粮食等物以赡军，同时把自己的金帛等物赏赐给战士。

此前，安北将军、鄱阳王萧范从合肥派西豫州（治所汝南，今河南息县）刺史裴之高率兵赴京，屯驻在蔡州（在今江苏南京西南之长江中），并遣船迎渡柳仲礼。这时，赴京讨伐侯景的军队有好几支，为了统一指挥，韦粲建议各军推出大都督来领导作战。他提名年纪、资历都不及自己、官位也比自己低的柳仲礼。裴之高耻居其下，使推选大都督议论数日不决。

面对此种情况，韦粲对众人言道：今天大家同赴国难，应当以除国贼侯景为意。所以推举柳仲礼，是因为他长期捍卫边疆，为侯景所惮；而且他部下兵强马壮，为诸军所不及。如果以地位讲，柳仲礼在我韦粲之下；论年龄，也比我韦粲小。这是为国家社稷计，不应再议论不决了。现在形势紧急，对我们来说，将领和睦一致是最宝贵的。如果人心不一，那么讨伐侯景、卫护国家社稷的大事就办不成。裴之高是朝廷老臣，年高德隆，怎么可以再以私情来坏大事呢？我韦粲去找他，为大家解决这个问题。

随后，韦粲便乘船到裴之高营，责备道：前几日大家议论，由柳仲礼为大都督，裴刺史有不同意见。现在朝廷受到逆贼侯景的逼迫，十分危急。为臣子者当努力同心，怎么可以自相矛盾呢？如果你还是持有异议，那么难免其他各军的锋镝会指向你的。

韦粲的劝说，既晓之以大义，又为裴之高分析了敌我形势，也表达了其他将领对裴之高屡持异议，使大事不决的愤怒。裴之高听后很是感动，他流着泪表示，自己受国家大恩，是应当身先士卒的，愿意同大家一起，在柳仲

礼的统领下平定侯景叛乱。

经过韦粲的劝说，裴之高不再固执己见了，讨伐侯景的各支军队有了统一的指挥。柳仲礼指挥梁军向建康进发。十二月三十日，到达新亭（今江苏南京西南长江边），同在中兴寺列阵的侯景叛军相持。侯景率步骑万人出中兴寺至后渚，向新亭的梁军挑战。柳仲礼准备率军迎击，韦粲向柳仲礼建议：天已晚，我军新到劳累，不可速战。柳仲礼接受了韦粲的正确意见，坚壁不出，侯景只好引兵退去。

晚上，柳仲礼到韦粲军营，部署明日的战斗。各将都有据守，他安排韦粲军屯驻直对石头城中路的青塘。韦粲担心阵地栅垒没有竖立起来，侯景必定会全力来争，便对柳仲礼说道："下官才非御侮，直欲以身殉国。节下善量其宜，不可致有亏丧。"这并非韦粲谦虚，而是直陈实情，征战御敌非韦粲所长，忠义为国他虽死不辞。韦粲希望柳仲礼考虑周到，安排适宜，不至于在战争开始后有所亏损，影响全局。但是，柳仲礼不听，认为青塘系要害之地，非韦粲守御不可。柳仲礼还以为韦粲是嫌兵少，便派直阁将军刘叔胤帮助韦粲。

梁武帝太清三年（549年）正月初一，天大雾，韦粲军迷失道路，抵达青塘时，已是半夜，防御栅垒并未合拢。侯景见状，立即率精兵向韦粲防地攻击。这时，有将军劝韦粲率部坚守栅垒，以逸待劳。韦粲以栅垒未合而未听，命将军郑逸率部迎击，又让刘叔胤以水军截击侯景叛军后部。但是，刘叔胤"畏懦不敢进"，以至郑逸被侯景叛军击败。乘胜向前的叛军直逼韦粲栅垒，攻进了军营。左右之人拉韦粲避贼军，韦粲坚立不动，指挥自己的子弟奋力杀敌，一直战斗到士兵几乎全部牺牲，韦粲也被叛军杀害，他的儿子韦尼、三个弟弟韦助、韦警、韦构，堂弟韦昂，都战死在阵地上，随同韦粲前来的亲戚战死者达数百人。

梁简文帝得知韦粲牺牲的消息，悲痛异常，他流着泪说道："社稷所寄，惟在韦公，如何不幸，先死行阵。"诏赠韦粲护军将军。平定侯景之后，追谥"忠贞"，其弟及子，均受赠封。

## ◎故事感悟

在叛逆反国、社稷危亡之际，韦粲奋不顾身，勇赴国难。他慷慨为国，浴血沙场，举家舍生取义，不愧为梁朝的忠臣。韦粲的爱国主义精神和阖门为国捐躯的事迹，深为动人！

## ◎史海撷英

### 不愿出仕的阮孝绪

萧衍的部队包围京城的时候，阮孝绪家里穷得连烧饭的柴火都没有。他的仆人偷了邻居家的柴来烧火，阮孝绪知道这件事后，连饭都不肯吃，下令把房子拆了来当柴火烧。他住的房子里面只有一张很破旧的床，竹子和树木围绕在房子周围。御史中丞任昉来找他的哥哥履之，想去拜访阮孝绪，却不敢靠近，看着阮孝绪的房子说："这个房子虽然离得那么近，但里面的人离我们却太远太远了。"阮孝绪被当时的社会名流所钦佩。

后来阮孝绪和吴郡人范元琰一起被朝廷征召，两人都不肯去。袁峻对阮孝绪说："古时候天地闭合，所以贤能之士才隐居起来。现在政治清明，你还躲起来，这难道可以吗？"阮孝绪说："以前周朝的德行那么高，都还有伯夷和叔齐这样的人宁愿躲起来吃薇蕨菜也不肯出来做官；西汉的时候世道也很繁荣，而黄石公和绮里季也能待在山林里面不觉得苦闷。做一个仁人全靠自己，和这个世道又有什么关系？更何况我还不是古时候那种贤德的人呢。"

## ◎文苑拾萃

### 忘年交好

解释：年龄辈分不相当的人所结成的深厚友谊。

出处：《梁书·韦粲传》："时颍川庾仲容、吴郡张率，前辈知名，与粲同府，并忘年交好。"

# 杨业绝食报大宋

◎小来思报国，不是爱封侯。——唐·岑参

杨业（928—986），又叫杨继业，原名杨重贵。并州太原（今属山西）人。父亲在后汉任刺史。杨业"幼倜傥任侠，善骑射"。他在后汉为将"以骁勇闻"，"屡立战功，所向克捷"，国人号为"无敌"。官至建雄军节度使。北汉主刘崇赐其姓名为刘继业。太平兴国四年北汉亡，刘继业降宋，宋太宗复其姓杨，止名业，官左领军大将军。

燕（今北京）云（今山西大同）十六州，自后晋石敬瑭割让给契丹之后，稍有作为的中原君主无不耿耿于怀，欲从契丹（辽国）手中收回。后周世宗柴荣曾北伐，取得数州，不幸天夺其寿，功业不果。赵匡胤建立宋王朝，亦有收复十六州之意。他去世后，其弟赵光义继位，是为宋太宗，也打算夺回燕云十六州。

太平兴国四年（979年）五月，宋太宗率兵灭北汉，准备乘胜伐辽，收复燕云十六州。宋军进至辽之南京（即幽州，今北京），为辽兵败于高粱河（今北京西直门一带），宋太宗负伤乘驴车仓皇逃归。

高粱河之战后，辽兵时常南下。经过几年的准备，宋太宗于雍熙三年（986年）再次下令北伐攻辽。

这次雍熙北伐，宋军兵分三路：主力东路军，由大将曹彬统率，兵出瓦桥关（今河北雄县），进军幽州；中路军以田重进为统帅，出飞狐口（今河北涞源北），攻打蔚州（今河北蔚县）；西路军以潘美为统帅，杨业副之，出雁门（今山西代县），进取云中（今山西大同）。

太平兴国四年六月，宋太宗高梁河大败，认为伐辽并非易事，他知道"杨业老于边事，洞晓敌情"，于十一月命杨业为知代州（在今山西代县）兼三交驻泊兵马部署。第二年，辽兵入雁门，杨业大败之。以后辽兵见杨业的大旗，便引去。正因杨业在对辽作战中有功，所以在这次北伐中，宋太宗不因杨业是降将，而委之以西路军副统帅之职。

西路军在潘美、杨业的率领下，进展神速。出雁门之后，连取辽之寰州（今山西朔县东）、朔州（今山西朔县）、云州（今山西大同）、应州（今山西应县）四州。中路军亦取得了不小胜利。东路军见中、西两路都取得胜利，求胜心切，两次进至涿州（今属河北），又两次退出，被辽将耶律休奇在岐沟关（在今河北涿州西南四十里）打得大败。这样，宋太宗急令中、西两路军队缩短战线，退回原防，并命潘美、杨业护送云、应、朔、寰四州人民迁至内地。

这时，辽国萧太后与大将耶律汉宁率十余万大军进压西路宋军，寰州失陷。杨业同潘美计议，暂不与辽兵交战，宋军离雁门时，让云州百姓先出，而宋之西路军到应州时，辽兵必然会来抗拒宋军，朔州百姓便可出城，直入石碣谷。宋军可于谷口预伏强弩，骑兵在路上援救，这样，三州之民可以保全。这是一个妥帖的计划。但是，同行大将王侁以杨业这样安排为"畏懦"，认为只要直趋雁门北川，便可。另有大将附议王侁，杨业指出这是必败之势。王侁等却反诬杨业："君侯素号无敌，今见敌逗挠不战，得非有他志乎？"而主将潘美却不发表意见，实际上同意了王侁的主张。这样，便由杨业引兵从石峡路（即石碣谷口，山西朔县南下小路）向朔州进发。

杨业对这次战略失策已有预见。他抱着报答太宗的必死决心，率军前去迎敌。行前，杨业对潘美说："此行必不利。业，太原降将，分当死。上不杀，宠以连帅，授之兵柄。非纵敌不击，盖伺其便，将立尺寸功以报国恩。今诸君责业以避敌，业当先死于敌。"并指着陈家谷口对潘美等言道："诸君于此张步兵弦弩，为左右翼以援。俟业转战至此，即以步兵夹击救之，不然，无遗类矣。"

杨业出发后，潘美命王侁等率兵阵于陈家谷口，从寅时至巳时，王侁派人登托逻台（今山西朔县南，俗呼橐莲台）瞭望，发生错觉，以为辽兵已败。

为了争功，王侁立刻领兵离开陈家谷口，沿着灰河（在山西朔县境内，亦名马邑川）向西南挺进20里，后得到杨业战败的消息，他又急忙率部逃跑。潘美竟不予制止。

杨业同辽兵血战，自中午直到傍晚，把敌人引到陈家谷口。这时，陈家谷口静悄悄，无人把守。杨业见状，悲愤至极，他再率士卒与敌人拼死战斗，部下几乎全部牺牲，他的儿子杨延玉也战死疆场。杨业则身受数十处伤，仍继续战斗，手刃数十人。最后，杨业的战马受了重伤，不能行走，杨业才被团团围住的辽兵俘虏。杨业悲伤愤恨地叹息道："上遇我厚，期讨贼捍边以报，而反为奸臣所迫，致王师败绩，何面目求活耶！"于是他三日不吃，绝食而死。

## ◎故事感悟

杨业忠于大宋，必欲杀敌报国，不想被奸庸所害。他被俘以后，誓不降敌，以死殉国，不仅为宋廷所称道，辽国上下亦钦佩不已。像杨业这样为保卫祖国而献身的仁人志士，得到人们的赞美和肯定是理所当然的。长期以来，人民对杨业及其子孙英勇保家卫国、顽强抗击敌人的爱国主义思想和事迹采取了种种方式进行歌颂，演化成至今家喻户晓的《杨家将》。

## ◎史海撷英

### 杨业坚持抗辽

980年，辽朝派了十万大军攻打雁门关。那时候，杨业手下只有几千人马，兵力相差很大。杨业是个有经验的老将，知道靠硬拼是不行的，就把大部分人马留在代州，自己带领几百名骑兵悄悄地从小路绕到雁门关北面敌人后方。

辽兵向南进军，一路上没遇到抵抗，正在得意。忽然，后面响起一片喊杀声，只见烟尘滚滚，一支骑兵从背后杀来，像猛虎冲进羊群一样，乱砍猛杀。辽兵毫无防备，又弄不清后面来了多少人马，个个心惊胆战，阵容大乱，哪儿还抵挡得了，纷纷向北逃窜。杨业带兵追赶上去，杀伤大批辽兵，还杀死了一名辽朝贵族，活捉了一员辽将。

雁门关大捷以后，杨业威名远扬。辽兵一看到"杨"字旗号，就吓得不敢交锋。人们给杨业起了个外号，叫做"杨无敌"。

## ◎文苑拾萃

### 《宋史·杨业传》节选

父杨业，并州太原人。父信，为汉麟州刺史。业幼倜傥任侠，善骑射，好畋猎，所获倍于人。尝谓其徒曰："我他日为将用兵，亦犹用鹰犬逐雉兔尔。"弱冠事刘崇，为保卫指挥使，以骁勇闻。累迁至建雄军节度使，屡立战功，所向克捷，国人号为"无敌"。

太宗征太原，素闻其名，尝购求之。既而孤垒甚危，业劝其主继元降，以保生聚。继元既降，帝遣中使召见业，大喜，以为右领军卫大将军。师还，授郑州刺史。帝以业老于边事，复迁代州兼三交驻泊兵马都部署，帝密封橐装，赐予甚厚。会契丹入雁门，业领麾下数千骑自西陉而出，由小陉至雁门北口，南向背击之，契丹大败。以功迁云州观察使，仍判郑州、代州。自是，契丹望见业旌旗即引去。主将戍边者多忌之，有潜上谤书斥言其短，帝览之皆不问，封其奏以付业。

雍熙三年，大兵北征，以忠武军节度使潘美为云、应路行营都部署，命业副之，以西上阁门使、蔚州刺史王侁，军器库使、顺州团练使刘文裕护其军。诸军连拔云、应、寰、朔四州，师次桑乾河，会曹彬之师不利，诸路班师，美等归代州。

# 足不登巨公势家之门

◎能去私曲就公法者，民安而国治。——《韩非子》

> 黄溍（1277—1357），元代文学家。婺州义乌（今浙江省义乌市，位金华市东北）人。字文晋，又字晋卿。仁宗延祐年间进士，任台州宁海（今浙江省宁海县，位杭州市东北）县丞，累擢侍讲学士知制诰等职。生平好学，博览群书，议论精要，其文布置谨严，援据切洽，在朝中挺然自立，不附于权贵，时人称其为清风高节，如冰壶玉尺，纤尘不污。著作有《日损斋稿》33卷，《义乌县志》7卷，《日损斋笔记》1卷，《黄文献集》10卷。他在书法方面造诣颇深，是元代著名的书法家。现存他的书法有《与德懋书帖》、《免颖贴》、《跋兰亭图》。今存《黄学士文集》43卷，卒谥文献。

　　元仁宗延祐元年（1314年），恢复了贡举之法，以便选拔人才。对早就出了名的才子黄溍，县里催促他参加考试。他一试即中，出任台州路宁海县丞。

　　宁海县位于浙东沿海，盐业兴旺。一些盐业大户有恃无恐，不受管束，肆意妄为，残害百姓。而当地的一些官吏受这些盐户的贿赂收买，也不主持公道，听之任之，使这股恶势力更加肆无忌惮。

　　黄溍到任后，见此情景，深恶痛绝，毫不迟疑地对为非作歹者一律绳之以法，绝不宽容。

　　这时，黄溍的下属忧心忡忡，深怕受到报复，小心翼翼地告诉黄溍说："这伙人背后有人撑腰，可惹不得啊！"黄溍斩钉截铁地回答道："官可以不当，百姓的事不能不管。"他刚正不阿，执法如山，对地方恶霸严惩不贷。他几经努力，使宁海恶焰渐消，百姓终于过上了安宁的日子。

　　黄溍担任州县官吏长达20余年，始终以父母官自律，体恤民间疾苦，为百姓办好事。他清白廉洁，除俸禄外，不接受任何非法钱财。他常常因生活费用欠缺而变卖家产，以资弥补。他两袖清风，政绩卓越，惠及地方，因此深受百姓爱戴。

　　元文宗至顺二年（1331年），朝廷提拔黄溍进京做官。

　　至正八年（1348年），黄溍受命编修《后妃功臣列传》。他凭着高尚的史德，秉承《春秋》笔法，尊重史实，从不曲意逢迎，再一次表现了刚正不阿的崇高精神。

　　黄溍光明磊落，一身正气。他在京城断断续续为官20年，"足不登巨公势家之门"，不阿附权贵。

## ◎故事感悟

　　"黄君清风高节，如冰壶玉尺，纤尘不染"，是时人对黄溍为人的称赞，也是黄溍为官"足不登巨公势家之门"的真实写照。黄溍为官刚正不阿、光明磊落，正是后人学习的典范！

## ◎史海撷英

### 大画家赵子昂

　　赵子昂名叫赵孟頫，子昂是他的字，他是宋太祖儿子秦王赵德芳的后代。赵子昂从小就很聪明，14岁的时候因为宗室的身份担任了真州司户参军。南宋灭亡后，他回到故乡隐居下来。

　　忽必烈派程钜夫去江南寻找人才，结果找到了赵子昂，把他推荐给忽必烈。赵子昂才华横溢，相貌出众，忽必烈看到他后很高兴，给他赐座。有人说赵子昂是宋朝宗室，不能把他放在皇帝身边，但忽必烈不听。当时刚刚设立尚书省，忽必烈请赵子昂起草诏书，写成后拿给忽必烈看，忽必烈看了之后很满意，说："把我要说的话都说出来了。"忽必烈想重用赵子昂，但很多人反对，这事就搁了下来。

一年后，赵子昂被任命为兵部郎中。当时驿站归兵部管，负责供应来往使臣的食宿。而那些使臣奢侈浪费，驿站无法满足他们的要求，只好用强制手段向老百姓索要，搞得民怨沸腾。赵子昂针对这一现状向中书省申请增加驿站的经费，减轻了百姓的负担。元朝发行了很多纸币，由于种种原因发行遇到了困难。忽必烈派赵子昂去江南责问当地官员为何怠慢政令，授予他可以拷打官员的权力。赵子昂顺利完成了任务，没有拷打一个人。

## ◎文苑拾萃

### 地方志的价值

地方志简称方志或地志。志是记或记录的意思，就是以地区或行政单位为范围进行分门别类的综合性记录。有些人把地方志称为地方的"史记"，也就是地方史，这种说法是不够全面的。因为地方志的内容极为广泛，除了全国或一个行政单位的历史、地理外，还记有社会各个领域和自然界的情况等等。

地方志起初不是以"志"命名的，一般称为图、书、传、录、谱等。东汉时出现了"图经"这个名称，因为它包括"图"（行政区的疆域图、沿革图、山川图）和经（关于图的文字说明）两部分而得名，如但望撰的《巴郡图经》就是如此。隋唐时代，"图经"之名相当普遍，又称为"图志"、"图说"。宋以后，用"志"命名的地方志逐渐多起来，以至取代"图经"、"图志"的名称。由于"图经"的影响，地方志大多给有各种地图。

地方志是封建社会政治、经济和文化发展到一定阶段的产物。据《周礼》记载，周朝已有负责掌"邦国之志"的"小史"，又有负责掌管"四方之志"的"外史"。在封建中央专制集权发展的时代，很重视编修地方志。因为国家的统一，社会经济的发展，统治者迫切需要了解和掌握全国的土地、人口、物产、赋役、风俗、四方险阻等各方面的情况。"宰（主管）郡国须胸中全具一郡国，宰天下须胸中全具一天下"，"不下堂而知王土，不出户而睹万邦"。因此，编撰地方志成为历代中央王朝和地方各级政权的一项重要任务。

地方志一般分为全国性的总志（即一统志）和地方性的区域志（即省、府、州、县志）两种。两者相辅相成，修总志促进区域性方志的发展，而区域志又为总志提供很有价值的素材。

# 张巡誓死守睢阳

◎达不肆意，穷不易操。——《文子·道德》

> 　　张巡（708—757），唐代河南南阳邓州人，是"安史之乱"时期著名的英雄。祖籍蒲州河东（今山西芮城），出生于河南南阳邓州。他从小就聪敏好学，博览群书，为文不打草稿，落笔成章，长成后有才干、讲气节，倾财好施，扶危济困。"安史之乱"时，张巡誓死守卫睢阳（今河南商丘睢阳区）。他虽为文官，但精通兵法，屡次击败叛军，但终因寡不敌众，战死于睢阳。张巡殉国时，身首支离，芮城、邓州和睢阳三地皆招魂而葬。据说他死后被追封为"通真三太子"。

　　安禄山发动反唐叛乱一年以后，叛乱集团内部矛盾迅速激化。唐肃宗至德二载（757年）正月初五，安禄山被其子安庆绪所杀。初六，安庆绪即大燕皇帝位。不久，便命大将尹子奇为汴州（今河南开封）刺史、河南节度使。二十五日，尹子奇率兵13万进攻睢阳（治所宋城，今河南商丘南）。睢阳太守许远当即告急于唐河南节度副使张巡，张巡率兵三千入睢阳，与许远共守郡城，开始了可歌可泣、悲愤雄壮的睢阳保卫战。

　　许远（709—757）是唐高宗时宰相许敬宗的曾孙，"宽厚长者，明吏治"。安禄山叛乱，有朝臣推荐许远，便召拜为睢阳太守。他与张巡同年生，呼张巡为兄。

　　张巡"博通群书，晓战阵法。气志高迈，略细节"，"通悟有才干"，"有能名，重义尚气节"。进士及第，与已为监察御史的兄长均名重一时。由太子通事舍人出为清河（今属河北省）县令，治绩称最。安禄山叛乱，张巡被调真源（今河南鹿邑）为县令，他以法治当地豪滑，使他们改行为善。张巡为政简约，百姓便之。同时，他还劝谯郡（治所谯县，今安徽亳县）太守修缮城墙，募兵拒贼。张巡以兵讨贼，在雍丘（今河南杞县）大败叛军。从至德元载（756年）二月至三月，叛将令狐潮率兵四万攻雍丘，张巡在60天内接仗300次，大败令狐潮。五月，令狐潮再围雍丘，又为张巡所败。

张巡到睢阳之后，以6800余名士兵守城，抗拒叛军13万人。张巡日夜督励将士苦战，以至一日20仗，16天内擒叛将60余人，杀敌兵2万余。许远、张巡合作抗敌，相处无间，许远官重于张巡，他对张巡说："远懦，不习兵，公智勇兼济，远请为公守，公请为远战。"自此之后，许远只管调运军粮，修战具，居中接应，战斗筹划均由张巡主持。当月，便打退了叛军。肃帝诏拜张巡御史中丞，许远侍御史。

尹子奇战败后，于三月又率兵围攻睢阳。张巡激励将士说："吾受国恩，所守，正死耳。但念诸君捐躯命，膏野草，而赏不酬励，以此痛心耳。"将士们精神振奋，纷纷请战杀敌。于是张巡宰牛犒劳将士后，便率全军将士出战。尹子奇叛军见睢阳士兵很少，一点也不放在眼里，反而骄傲地大笑起来。张巡手执令旗，率领众将士直冲敌阵，大败叛军，追杀数十里。这一仗斩杀敌将30余员、敌兵3000余人。第二天，叛军又来围城，一天战斗数十次，虽屡败敌军，但尹子奇率军围攻不止。

至五月，叛军围城已有4个月了。张巡为了打击叛军，便于晚上在城中击鼓整军，做出一副立即要出击的架势。叛军听到鼓声，马上警戒，直至天明。天一亮，张巡便命收兵停鼓。尹子奇从飞楼上观看城中，见毫无动静，便让叛军解甲休息。叛军刚松懈下来，突然，张巡与南霁云、雷万春等十余员将军各率50骑开城门直冲敌营，杀得尹子奇叛军大败，斩将50余人，杀士卒5000余人。

射人先射王，张巡为了打击攻城叛军，决计射杀叛军大将尹子奇。但是，张巡并不认识尹子奇，于是，他假装守城唐军已没有箭了，让士兵削蒿为箭，向敌人发射，叛军中箭者见是蒿箭，大喜，走报尹子奇。张巡由此便认识了尹子奇为何人，立即让善射箭的大将南霁云射之，中尹子奇左眼。叛军见主将中箭，只好再次退回营中。

七月六日，尹子奇又率大军数万围睢阳。经过数月围城，睢阳城中粮食殆尽，将士每食仅得米一勺，食用时要杂以茶纸、树皮。在数百次的交战中，将士伤亡惨重，只剩下1600余人。剩下的士兵饥病交加，已不堪用以冲锋陷阵了，而救援之师又迟迟不见。张巡、许远同饥病的士兵们一起，时时以忠义为国相激励，共同守卫国土，誓死不降。

尹子奇得知城中困境后，更加强了攻势。他以云梯攻城，张巡以钩杆杆之，使之进不得、退不得，再以篝火焚烧云梯，破了尹子奇的攻城计谋。随后，叛军又用钩车攻城，张巡以连锁破之；敌人用木马、土囊柴道攻城，张巡应机立办，一一解之，保卫了睢阳城。尹子奇所有攻城的办法，都被张巡破解，尹子奇智穷，便不再攻城，而在城外挖了三重壕沟，来包围睢阳城。张巡见状，便于城内作壕相拒。

又相持了一个月，睢阳城所剩士卒死伤过半，仅剩600余名战士。于是张巡与许远分城而守之，张巡守东北，许远守西南，与士卒同食茶纸。自此之后，两人日夜在城上坚守，再不下城。张巡对来攻城的叛将见有可能劝说反正的，便"以逆顺说之"，使之"往往弃贼来降，为巡死战，前后二百余人"。

睢阳十分危急，而在谯郡、彭城（今江苏徐州）、临淮（今江苏盱眙）的唐朝将领都拥兵不救。为了保卫睢阳，张巡还是派南霁云率30骑冲出城去，告急于临淮。南霁云一出城，便被数万叛军挡住，他率30骑奋力猛冲，杀出敌圈，仅失二骑。南霁云到临淮求见河南节度使贺兰进明，请他派兵救援睢阳。贺兰进明竟拒不出兵，他见南霁云英勇，便想留下他，为此，安排饭菜请南霁云。南霁云慷慨流泪说道："霁云来，睢阳之人不食月余矣！霁云虽欲独食，且不下咽。"并责备贺兰进明："大夫坐拥强兵，观睢阳陷没曾无分灾救患之意，岂忠臣义士之所为乎！"当即咬下一指作为信物，表明自己已来求援。

接着，南霁云又到宁陵（今属河南）求援，得到城使廉坦的援助，一起率步骑3000名，于闰八月初三夜冲入包围圈，直至睢阳城下，冲坏叛军军营，并与围城敌军大战。这天，大雾迷漫，张巡在城内听到战斗之声，知是南霁云率援军到了，便开城门接应南霁云等入城。这时，3000名士兵只剩千人了。

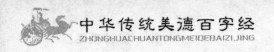

在进城之时，南霁云等又驱赶叛军之牛数百头入城。南霁云讲了求救情况，城中将士知道外援已绝，都悲愤泣下，但抗敌之心却丝毫未变。

尹子奇看到没有救兵援助睢阳，便加紧围城。十月，睢阳城粮绝，有人主张弃城东走。张巡与许远认为："睢阳，江、淮之保障，若弃之去，贼必乘胜长驱，是无江、淮也。"在危急关头，张巡、许远仍以国家为重，置生死于度外，力主坚守，保卫国土，护卫江淮。粮食没有了，他们便杀马为粮；马吃尽了，又捕雀、掘鼠为食。全城最后仅剩下400人，但是"人知必死，莫有叛者"。

十月九日，叛军终于登城而入，这时，睢阳将士已饥病至力不能战了。见城已破，张巡面向长安所在之西方叩拜，说道："臣力竭矣，不能全城，生既无以报陛下，死当为厉鬼以杀贼！"睢阳失陷了，张巡、许远、南霁云、雷万春等将士均被俘。

尹子奇听说张巡每次作战，都眦裂齿碎，便问这是为什么。张巡大义凛然地回答道："吾欲气吞逆贼，但力不遂耳！"尹子奇用大刀撬开张巡嘴，见仅存三颗牙齿。面对敌人，张巡昂然不屈，责骂道："我为君父义死。尔附逆将，犬彘也，安能久哉！"

尹子奇见张巡如此忠贞有气节，便用刀胁逼张巡投降，但是张巡毫不为动。尹子奇又去劝南霁云，南霁云尚未回答，张巡大声呼道："南八，男儿死尔，不可为不义屈！"南霁云笑着说，我本来想有所作为，你是了解我的，我怎么敢不以死报国呢？与张巡一起的36位将士，没有一个屈服、投降的。张巡等义士均为敌人所杀。张巡临死，颜色不变，从容如常。许远被押送洛阳途中，在偃师不屈被杀。

◎故事感悟

张巡、许远及睢阳军民忠贞为国，虽死不降敌。他们坚守睢阳的悲壮动人事迹长期以来一直广为传说，鼓舞着中华民族一代又一代的爱国者和志士仁人。张巡等人的爱国主义精神，是中华民族最宝贵的优良传统。

◎史海撷英

### 张巡草人借箭

唐"安史之乱"发生后，雍丘县令令狐潮举城投降叛军安禄山，并为安禄山充当先锋，向东攻城略地。

真源（今河南鹿邑）县令张巡选精兵1000人前往雍丘，与贾贲合兵守城。令狐潮率领精兵攻打雍丘，贾贲出城迎战，失败而死。张巡力战退敌，并兼领贾贲的人马守卫雍州，自称吴王先锋使。

由于围困日久，城中的箭用完了，张巡叫士兵扎了1000多个草人，给它们披上黑衣，在夜间用绳子在城墙拉上拉下。叛兵见有人缒城，急忙张弓搭箭，争相劲射，可是不管怎么射，草人依然如故。过了好半天叛军才发现那是草人，令狐潮痛悔莫及，这样，张巡毫不费力地得到数十万只箭，解决了燃眉之急。几天后，张巡又指挥在夜晚把草人在城墙上拉上拉下，叛兵只是发笑而不再防备，张巡见叛军不再射箭，便在一个黑暗的夜晚，派500名敢死队缒下城去，叛军还以为是草人，不予理睬。士兵在毫无阻拦下冲入令狐潮军营大杀大砍，敌营还没等反应过来，就乱了套，慌忙焚烧营垒而逃，官兵追击十余里。令狐潮脸面丧尽，惭愧得无地自容，再次增兵围城。

张巡派郎将雷万春立于城上，与令狐潮声音相闻，叛兵发箭齐射，雷万春面部中了六箭仍一动不动。令狐潮怀疑是个木头人，派间谍去探，知是真人，惊得目瞪口呆，老远对张巡说："刚才见到雷将军，方知足下军令如山，但对天道又有什么法子呢！"张巡痛斥道："你叛君背国，如何能知道天道？"不一会儿，张巡即领兵出战，活捉叛将数人，斩杀百余人。叛军趁夜落荒而逃。

◎文苑拾萃

### 对张巡的纪念

在陕西省周至县，由终南镇所辖的甘沟、解村、三湾等十三个村堡联合举办的"老王会"，在周至境内及至关中地区名气甚大。庙会祭祀的所谓孝王，就是指唐代的两位爱国英雄——张巡和许远。

在福建莆田，张巡被尊奉为司马圣王，是保境安民的神。

# 孙揆骂敌遭锯杀

◎公则四通八达，私则偏向一隅。——《薛瑄全集》

---

孙揆（？—890），字圣圭。博州武水（今山东聊城东北）人。进士及第之后，历任户部巡官、中书舍人、刑部侍郎，龙纪元年（889年）为京兆尹。

---

大顺元年（890年）五月，唐昭宗命宰相张浚为河东行营都招讨制置宣慰使、京兆尹孙揆为副使，与朱全忠、李匡威等一起讨伐沙陀李克用。正在这时，李克用所辖昭义（治所潞州，今山西长治）节度使李克恭，在兵变中被杀，昭义叛李克用而归附朱全忠。唐朝廷为控制昭义，便于六月命孙揆为昭义节度使、充招讨副使。

昭义归附朱全忠后，李克用即命大将李存孝率兵包围潞州。七月，朱全忠派大将葛从周率兵进入潞州，同时请唐昭宗让孙揆去潞州上任。张浚怕昭义被朱全忠占有，便分兵3000名，护孙揆去潞州赴任。

唐昭宗派出中使韩归范赐旌节于孙揆，于是孙揆与韩归范一起于八月初二从晋州（今山西临汾）动身。李克用的大将李存孝探得消息后，便伏兵300名于长子（今属山西）西谷之中。长子靠近潞州，是从晋州到潞州的必经之处。孙揆"建牙杖节，褒衣大盖，拥众而行"。到达西谷附近时，李存孝率兵突出，轻而易举地俘虏了孙揆、韩归范和牙兵500名。李存孝追击其余唐军于刁黄岭，将他们全部杀死。

孙揆被押送到李克用处，李克用想招降孙揆，便派人劝诱道："公辈当从容庙堂，何为自履行阵也？"并表示，只要孙揆归顺李克用，便可为河东副使。孙揆当即回绝，他说道："吾天子大臣，兵败而死，分也，岂能伏事镇使耶！"并"大骂不诎"。

李克用恼羞成怒，下令将孙揆用锯锯杀。孙揆毫无惧色，他斥责李克用背叛朝廷，是不忠不义之人。李克用部下用锯锯孙揆，结果"锯不能入"。孙揆骂道："死狗奴！锯人当用板夹，汝岂知耶！"行刑者便以板夹孙揆，然后将他锯死，孙揆"詈声不辍至死"。

◎故事感悟

孙揆被俘之后，拒不降敌，表现出了爱国主义的坚强不屈。敌人高官利诱，他毫不动心；死亡威胁，他视之如归。在唐王朝行将覆亡之际，孙揆的爱国主义精神依然放射出耀眼的光芒。

◎史海撷英

### 黄巢称帝长安

中和元年（881年），黄巢军进入长安，金吾大将军张直方率众迎接黄巢大军进城，"整众而行，不剽财货"，群众达百万军，入城后，军纪严明，闾里晏然，晓谕市人："黄王起兵，本为百姓，非如李氏不爱汝曹，汝曹但安居无恐。"向贫民散发财物，百姓列席欢迎。广明元年十一月（881年1月16日），黄巢即位于含元殿，建立了大齐政权，年号金统。原朝官员，四品以下留用，余者罢之，以尚让为太尉兼中书令，赵璋为侍中，孟楷、盖洪为尚书左、右仆射，皮日休为翰林学士。不久，其部属"杀人满街，巢不能禁"，唐宗室留长安者几无遗类，唐室官员惶惶不可终日。《秦妇吟》言："华轩绣毂皆销散，甲第朱门无一半"，"内库烧为锦绣灰，天街踏尽公卿骨"。又没收富家财产，号称"淘物"，官室皆赤脚而行。中和二年（882年），唐军一度攻入长安，黄巢军"贼露宿霸上，调知官军不整，且诸军不相继，引兵还袭之，自诸门分入，大战长安中，宗楚、弘夫死，军

士重负不能走，是以甚败，死者十八九"。这一次黄巢恨城民协助官军，于是纵兵屠杀，血流成河，谓之"洗城"。黄巢未派大军追击唐僖宗，让唐军有了喘息的机会。

## ◎文苑拾萃

### 题居延古城赠乔十二知之

陈子昂

闻君东山意，宿昔紫芝荣。

沧洲今何在，华发旅边城。

还汉功既薄，逐胡策未行。

徒嗟白日暮，坐对黄云生。

桂枝芳欲晚，薏苡谤谁明。

无为空自老，含叹负生平。

# 徐徽言高风亮节誓死不屈

◎法者，天下之程式也。万事之仪表也。——管子

---

徐徽言（？—1129），字彦猷。衢之西安（今浙江衢县）人。他"汎涉书传，负气豪举，有奇志，喜谈功名事"。

---

宋高宗建炎二年（1128年）十一月，金兵攻破延安府（今属陕西），随即从绥德军（今属陕西）渡过黄河直扑晋宁军（今属陕西）。宋朝武经郎、知晋宁军兼岚石路沿边安抚使徐徽言率领军民奋力抗金，顽强地进行了保卫晋宁的战斗。

大观二年（1108年），宋徽宗赐徐徽言武举绝伦及第。他常年战斗在西北地区，与金国、西夏作战，多有军功。靖康元年（1126年），金人围太原（今属山西），使隰（治所隰川，今山西隰县）、石（治所离石，今山西离石）以北，命令不通达一个月。于是，徐徽言率3000人渡河，一战而破敌兵，被宋廷委为知晋宁军兼岚石路沿边安抚使。

靖康元年年底，在金兵进至汴梁（今河南开封）时，徐徽言奉命守河西。宋徽宗惧敌妥协，竟割西河之地给金国。同知枢密院事聂昌，被金人俘虏，他竟"以便宜割河西三州隶西夏"。晋宁军民十分恐惧，他们认为，丢弃麟（治所新秦，今陕西神木北）、府（治所府谷，今陕西府谷）、丰（治所丰州，今陕西府谷西北）三州，晋宁难以单独保存。徐徽言认为，这只是聂昌矫诏行事，不足为凭。他便率兵收复了三州，西夏守将都投降了徐徽言。接着，他

又收复了岚州（治所宜芳，今山西岚县北）、石州等地。

金人对徐徽言的举动十分恐惧，下决心要拔掉这颗眼中钉。正在这时，徐徽言的亲家折可求投降了金人，于是金人带折可求到晋宁城下，准备劝徐徽言投降。徐徽言知道折可求来劝降，便登上城楼，以爱国大义责备折可求，折可求竟说徐徽言对自己无情义，徐徽言引弓挂箭对折可求厉声说道："尔于国家不有情，我尚于尔何情？宁惟我无情，此矢尤无情。"说着，一箭射去，正中折可求，使他受伤而逃。徐徽言乘机率军出战，打败金兵，杀死金兵大将娄宿字董之子。

在晋宁抗御金兵之时，河东各郡县都已为金国征服，巍然屹立的晋宁横在大路之中，阻挡着强敌的前进。建炎二年冬，金兵进围晋宁。徐徽言坚壁抗敌，亲自慰抚士兵。他并不消极防御敌人，而是派人泅渡黄河，号召逃亡到山谷中的百姓数万人浮筏西渡到晋宁，增强了晋宁的抗敌力量。徐徽言还同金兵在黄河上大战，数十次的战斗杀死杀伤敌人无数。晋宁本来就被称为天下之险，徐徽言极力经营，他扩展了外城，东临黄河，城外之堑，深不可测，堞垒坚固，械备完整，使晋宁更加险要而不易攻破了。徐徽言还组织诸将划分防区，分区而守，敌人来攻，各防区将士奋力杀敌；徐徽言组织劲兵，往来巡视，作为游动的援军。

由于徐徽言的有效防御，金兵围攻晋宁三个月，每次攻城，都被击退。金兵虽经失败，却不甘心，围攻更加严急。晋宁军民不用井水，而汲河水饮用，于是金兵堵塞黄河支流，使晋宁城中无水可饮。但是，徐徽言深得晋宁军民的拥护，虽然"枵饿伤夷"，军民们仍然"以死固守"。最后，城中矢石皆尽，士兵困饿难起。徐徽言深知，晋宁城已无法支持下去了，便将城中攻防器具焚烧，"无以遗敌"。他还写信给哥哥徐昌言："徽言孤国恩死矣，兄其勉事君蟾。"表达了自己誓死不降的决心。

建炎三年（1129年）三月十二日晚，裨校李位、石赟开城降敌，金兵涌入。坚守三个月的晋宁城即将陷落，徐徽言仍然与敌人在城门拼杀，斩杀了不少敌人。之后，他退守主将所居之牙城，金兵全力围攻牙城。为了不使妻子等人遭到敌兵的凌辱，徐徽言纵火焚烧了自己的家宅。天将亮时，徐徽言身边的士兵大多战死，他便持剑坐在大堂上，慷慨地对将士们说："我天子守土臣，义不见衅敌手。"说完，举剑自刎，众将士急忙上前阻拦。这时，金兵已涌入大堂，徐徽言被俘。

金将娄宿孛堇为劝降徐徽言，便先让徐徽言的好友劝他穿戴朝衣去见娄宿孛堇，徐徽言愤怒地斥责道："朝章，觐君父礼，以入穹庐可乎？汝污伪官，不即愧死，顾以为荣，且为敌人摇吻作说客邪？不急去，吾力犹能搏杀汝。"使说客无颜退去。

娄宿孛堇见徐徽言不降，便亲自去劝他。娄宿孛堇告诉徐徽言：宋朝的二位皇帝（徽宗、钦宗）已被我们俘虏北去，你还为谁守城？徐徽言答道："吾为建炎天子守。"娄宿孛堇又说道："我兵已南矣，中原事未可知，何自苦为？"徐徽言大怒道："吾恨不尸汝辈归见天子，将以死报太祖、太宗地下，庸知其他！"娄宿孛堇见劝说不动，便以世代为延安之帅、管辖全陕之地作为条件，引诱徐徽言变节，徐徽言更为愤怒地指斥道："吾荷国厚恩，死正吾所，此膝讵为汝辈屈耶？"娄宿孛堇见利诱不成，便以死相威胁，举戟向徐徽言刺去。谁知，徐徽言视死如归，他神态自若地敞开衣服挺胸迎着戟刃而去。娄宿孛堇见徐徽言是个不怕死的汉子，更想招降他了，便设宴款待，准备再行劝说。徐徽言拿起酒杯掷向娄宿孛堇，并大骂敌人。

娄宿孛堇见徐徽言如此坚贞，知道再也无法劝他投降了，便将徐徽言杀死，徐徽言临刑前骂不绝口。金国大将粘罕听到徐徽言被娄宿孛堇处死，大骂娄宿孛堇："尔粗狠，可专杀义人以逞尔私？"并重治娄宿孛堇之罪。对于忠义爱国之士，金国大将也是十分敬重的。

## ◎故事感悟

徐徽言刚强不屈、以死报国的行为一直被后人所传颂，言其"徐徽言报国死封疆，临难不屈，忠贯日月"，将他比之唐代爱国名臣颜真卿、段秀实，这样的评价是很妥当的。

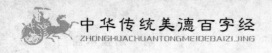

◎史海撷英

### 枢密院的历史沿革

唐代宗永泰年，置枢密使，以宦官为之，掌接受朝臣以及四方表奏并宣达帝命。

后梁，改枢密使为崇政使，任以士人，并设崇政院。后唐庄宗改崇政院为枢密院，崇政使为枢密使，与宰相分执朝政，偏重于军事。

宋代，枢密院与中书门下并称二府（中书门下为政府、枢密院为枢府），同为中央政府机关；枢密院设12房，分曹办事，12房为北面房、河西房、支差房、在京房、校阅房、广西房、兵籍房、民兵房、吏房、知杂房、支马房、小吏房。元丰改制时，有废枢密院、还军政于兵部之议，神宗以为："祖宗不以兵柄归有司，故专命官统之，互相维制，何可废也？"遂留之。宋代枢密院长官枢密使、知枢密院事以士人充任，副职间用武臣。宋初，中书和枢密院对掌文武二柄，宰相因不带枢密衔而不得干预军事。庆历年间用兵西夏，一度由宰相兼枢密使。南宋宁宗后，宰相始例兼枢密使。

辽代按南北面官分设北枢密院与南枢密院。北枢密院掌军，南枢密院唯管士人迁调，为吏部职。占领幽云十六州后，设汉人枢密院，统幽云十六州汉人军马，隶属南院大王。也有史料称北枢密院专掌契丹军马，南枢密院专掌汉人军马。

元代，枢密院主管军事机密事务、边地防务，并兼禁卫。战时，在主要战役方向设行枢密院，作为枢密院的派出机构统辖一方军政事务。

明代，朱元璋称吴王时，沿元制仍设枢密院，后废之，改设大都督府统军。

◎文苑拾萃

### 夷坚志

《夷坚志》是南宋笔记小说集。书名出自《列子·汤问》：《山海经》为"大禹行而见之，伯益知而名之，夷坚闻而志之"。大意是指《山海经》中的故事是大禹看到的，伯益取的名，夷坚听说后记载下来了。可见洪迈是以夷坚自谓，将其书比作《山海经》。全书原分初志、支志、三志、四志，每志按甲、乙、丙、丁顺序编次。著成甲至癸200卷；支甲至支癸、三甲至三癸各100卷；四甲、四乙各10卷。《夷坚志》之浩繁，为后人叹为不可及。

《夷坚志》是洪迈所经历的宋代社会生活、宗教文化、伦理道德、民情风俗的一面镜子，为后世提供了宋代社会丰富的历史资料。从小说发展史上看，《夷坚志》又是宋代志怪小说发展到顶峰的产物，是自《搜神记》以来中国小说发展史上的又一座高峰，对后世产生了极大的影响。《醉翁谈录》载：当时的"说话"艺人中，"《夷坚志》无有不览"。明清拟宋市人小说，有不少取材于其中，仅凌蒙初的"二拍"、正话、入话出于《夷坚志》的，约有30余篇。

《夷坚志》取材繁杂，凡梦幻杂艺，冤对报应，仙鬼神怪，医卜妖巫，忠臣孝子，释道淫祀，贪谋诈骗，诗词杂著，风俗习尚等等，无不收录，大多神奇诡异，虚诞荒幻。所以宋末周密就曾批评此书"贪多务得，不免妄诞"。但也有不少故事反映了当时的现实生活，或属于轶闻、掌故、民俗、医药，提供了不少可资考证的材料。如《丙志》卷十六《余杭三夜叉》记三个妇女生的青面毛身的孩子，可见在宋时曾有这种怪胎。《丁志》卷十一《王从事妻》，记王从事妻子在临安被人拐去，五年后王为衢州教授时，意外地在西安宰府中与妻相遇，才知其妻被人以30万钱买作侧室，可见绍兴初年南宋临安的社会情况。《丙志》卷十三《蓝姐》，记绍兴十二年京东人王知军的婢女蓝姐有胆有识，当群盗入家抢劫时，她持烛引盗自取各物，暗中却从背后将烛油点污群盗穿的白布袍。后报官按迹搜捕，竟无一人漏网。书中还记载了不少药方，如《乙志》卷十九《疗蛇毒药》、《丙志》卷十六《异人痈疽方》等。这些记述，似都照实笔录，为研究宋代社会生活，保存了不少可贵的资料。

# 杨邦乂不作他邦臣

◎言成事者，以功著而易显；谋几初者，以理隐而难昭。——《后汉书》

杨邦乂（1086—1129），吉州吉水（今属江西）人。他"博通古今，每以节义自许"。以进士入仕，历任县尉、郡教授，溧阳（今属江苏）知县。

建炎三年（1129年），金兀术率兵大举南下。八月，宋高宗从建康（今江苏南京）逃往浙西，命杜充领十万大军守建康。十一月初四，金兀术攻和州（今安徽和县），守臣郭偰以城投。接着，杜充兵败降金，金军逼向建康。这时，户部尚书李梲，以显谟阁直学士守建康的陈邦光等人都出具投降书，并遣人于十里亭迎接金兀术。金兀术大喜过望，他说："金陵不烦攻击，大事成矣！"金兀术进建康，李梲、陈邦光率领宋朝官员出门迎接。在举朝皆降的情况下，只有通判府事、奉议郎杨邦乂不从，他大义凛然，在自己的衣服上以血书写"宁作赵氏鬼，不为他邦臣"几个大字，表明了誓死不降的坚定决心。

杨邦乂为人正派，"目不视非礼"。对于李梲、陈邦光等的变节言行，他非常蔑视和气愤。

金兀术进入建康，杨邦乂并不屈服。见了金兀术，众人皆拜，独杨邦乂不拜，他誓死不向敌人屈膝。金兀术恼怒异常。第二天，金兀术派人劝诱杨邦乂，答应以原官相授。杨邦乂举头触撞柱石，血流不止，他反问来人："世岂有不畏死而可以利动者？"他明确告诉敌人，自己连死都不怕，怎么会被你们以利相诱而动摇呢？杨邦乂掷地有声的爱国主义言论，尤其是他爱国的意志，誓死决不降敌的行动，同李棁、陈邦光等形成了鲜明的对照。

为了降服杨邦乂，金兀术便设宴招待李棁、陈邦光等人，而让杨邦乂立于庭上。杨邦乂见李棁、陈邦光等毫无气节可言的降官得意洋洋入席，便愤怒地斥责道："天子以若捍城，敌至不能抗，更与共宴乐，尚有面目见我乎？"杨邦乂义正辞严的责问，使李棁、陈邦光这些降敌的败类一个字也说不出来，脸上一阵红一阵白，十分尴尬。

这时，有个降将刘团练想以死来威胁杨邦乂。刘团练在一张纸上写了"死"、"活"两字，让杨邦乂选择。刘团练对杨邦乂说：你不用多说，如果要死的话，快写"死"字。杨邦乂毫不犹豫，"奋笔书'死'字如旧"。使在场的金人对杨邦乂视死如归的高尚气节和胆识无不惊骇。

金兀术见杨邦乂如此坚强，仍不死心，想再次劝说投降。杨邦乂愤怒至极，便大骂金兀术，表示自己与敌人势不两立，决不会降敌而玷污自己。金兀术被骂得恼羞成怒，便下令杀死杨邦乂，并残忍地"剖取其心"。杨邦乂为国捐躯，时年44岁。

杨邦乂壮烈死难的行动，深深感动了南宋枢密院的官员，他们向宋高宗报告了杨邦乂忠义献身的事迹。宋高宗让为杨邦乂立庙"褒忠"，国家为之安葬。绍兴七年（1137年），宋高宗再次褒扬了杨邦乂。

## ◎故事感悟

杨邦乂"不为他邦臣"的名言，充分体现了他忠诚爱国、始终不渝的崇高品格。面对强敌，他誓死不降，不愧为威武不屈的大丈夫；敌人千方百计利诱，杨邦乂丝毫不为之所动，是一个视富贵如粪土的坚强爱国者。杨邦乂身上所表现出来的爱国主义气节和不屈的斗争精神，是我们中华民族赖以生存壮大的精神支柱之一。

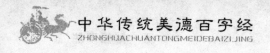

◎史海撷英

### 金军搜山检海抓赵构

天会七年（1129年），金军分路南下侵宋，金兀术率军南下，五月奔袭扬州，赵构渡江南逃；十月，率军直趋江浙；十一月，和州（今安徽和县）大破宋军，下广德，勇闯天险独松岭，强渡长江至建康（今江苏南京），赵构逃往杭州。宗弼紧追不舍，连下广德、安吉等地，经湖州（今属浙江）攻下临安府（今浙江杭州），巧渡曹娥江，克明州，以追击赵构。赵构已无处可逃，只好乘船亡命海上，金兵入海又追了300余里，由于不习水战，追之不及而还。这次金兀术领兵追赵构，跨江河，越天险，破关隘，捣城池，搜山川，入大海，无坚不摧，无敌不克。时间之短，战线之长，地域之广，都出人意料，金人称之为"搜山检海"捉赵构。此役大大振奋金国朝野，使金兀术一战成名。

◎文苑拾萃

### 金兀术屯粮台

金兀术屯粮台，又名"绥化四方台"，是阿城金代遗址群落的重要边缘部分。其地理位置在黑龙江省绥化四方台镇境内，是一座金朝存粮基地遗址，用于军事。四方台镇位于北国龙江的腹地、诺敏河畔，是绥化市北林区所辖的最大集镇，也是绥化市北部重要的商品集散地。因其境内一座相传为金兀术点将点（金兀术点将台说法，已被专家否定）的四方形土山而得名。该处遗址遗物，可隐约见于大金史册。据《绥化县志》记载：20世纪70年代，在土台西南部位发现砖砌拱门，以及出土陶罐等。

# 秉正不屈的胡铨

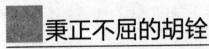

◎逸伦之士，不以否塞而薄其节。——葛洪

胡铨（1102—1180），字邦衡，号澹庵。南宋吉州庐陵芗城（今江西省吉安市青原区值夏镇）人。南宋政治家、文学家，爱国名臣，庐陵"五忠一节"之一。

胡铨自幼聪慧好学，博闻强记。

胡铨生活在金兵不断南侵的时代，血腥的现实使他养成了疾恶如仇的品性。面对严峻的形势，胡铨以救国救民为己任，誓将一生献给抗金事业。

南宋建立伊始，急需人才。宋高宗建炎二年（1128年），25岁的胡铨满怀报国热情参加进士考试。

宋高宗见到胡铨的文章后大加赞赏，想点他为头名状元，但是有的考官认为他言辞过于直率，最后他名列第五，被任命为抚州军事判官。

宋高宗建炎三年，金兵大举进攻南宋。隆裕太后为躲避金兵追击，逃至吉州。胡铨闻讯，立即招募乡勇入城固守，协助官军抵御金兵。由于胡铨抗敌有功，被提拔担任承直郎。

宋高宗绍兴五年（1135年），胡铨升任枢密院编修官，掌管全国军事文件。

绍兴八年（1138年），奸相秦桧定主和之策，朝野一片哗然。当时，身为枢密院编修官的胡铨对此坚决抵制，上书宋高宗，指出秦桧卖国求荣的险恶用心，点出了危险性："此膝一屈不可复伸，国势陵夷不可复振。"

胡铨声明自己"不与秦桧等共戴天"，要求皇上砍下秦桧项上人头，然后

"羁留虏使，责以无礼，徐兴问罪之师"，否则，他宁愿"赴东海而死"，也不"处小朝廷求活"。

这篇奏章不但使"当日奸谀皆胆落"，而且令"勇者服，怯者奋"。

金人闻讯后，急忙以千金购得此文，读后"君臣失色"，连连惊呼"南朝有人"、"中国不可轻"。

秦桧对胡铨恨之入骨，以"狂妄凶悖，鼓众劫持"的罪名将他管制，最终将他贬到吉阳军（今海南省三亚市）。

到海南后，胡铨不以个人生死为虑，把心思全放在海南的文化教育事业上。他著书立说，讲经授徒，为发展海南的文化作出了重要贡献。

胡铨流放23年，至宋孝宗即位后才重被起用，历任国史院编修官、权兵部侍郎等职。

胡铨始终坚持抗金，反对议和，他那疾恶如仇的高尚爱国情操永不磨灭。

2000年元月，江西省举办了一次很有价值的"千年回眸"，评选本省千年来最杰出的十位历史名人，胡铨被评为"脖子最硬的人"。

◎故事感悟

胡铨的一生忠诚、正直，正如他在《乾道三年九月宴罢》一诗中所写："久将忠义私心许，要使奸雄怯胆寒。"胡铨被流放23年，但始终坚持抗金、反对议和，爱国之情长存，不愧是我国历史上一位著名的民族英雄、伟大的爱国者。他的事迹和精神当与岳飞、文天祥一样，永垂青史。

◎史海撷英

### 胡铨入朝为官经历

宋高宗建炎二年（1128年），胡铨殿试中魁，皇帝见到他的试文大加赞赏，欲钦点为状元，但有个别考官认为胡铨的言辞过于直率，指出了当朝时弊，切痛了统治者的要害，而遭排挤，后录在进士第五名，任命他为抚州军事判官一职。

因其父病故，在家守孝，未赴任。

当年正值金兵攻打南宋，遣派精兵强将从洪州（今南昌）赶至吉州（今吉州区）追捕南逃的隆裕太后。吉州太守陪隆裕太后向赣州逃命后，吉州城内兵无一卒，官无一人，金兵不费吹灰之力就占领了吉州城。

在家守孝的胡铨闻之，立即招募乡勇组成义军，与金兵展开了争夺吉州城的战斗。在战斗中胡铨采用了灵活机动的战略战术，在敌人面前佯攻一会儿便走，敌人追来就快速退去，敌人停驻又偷袭一阵。敌人恼羞成怒，骑兵、步兵一齐上，一路追至青原山、天梁山。一进山敌人失去优势，骑不能快，追无踪迹，攻不可入；相反，在山中胡铨率部游刃有余，常让敌人坐以待毙。因而每次战斗，胡铨都获大胜，金军进退两难，无奈之下只好弃城遁北，吉州城失而复得。

胡铨守城有功，很快提拔进朝廷做官。后因上书反对秦桧的投降行径，得罪了时任宰相的秦桧，被这伙奸党罗织罪名，流放外地。据说胡铨每次遭流放，天梁山的树木就要枯萎一片。胡铨过了23年的流放生活，天梁山中的树木从未茂盛过。秦桧死后，胡铨重返朝廷，官复原职，天梁山才得以繁茂郁葱起来。

宋孝宗乾道七年（1171年），胡铨辞官还乡，孝宗问他要到什么地方去，他说"归庐陵"。宋孝宗淳熙七年（1180年），胡铨卒于故里，谥号"忠简"。家乡人民为纪念他，把他安葬在天梁山下的泷江河畔（今青原区值夏中学旁），便于后人永远缅怀、祭奠这位忧国忧民的南宋名臣。

## ◎文苑拾萃

### 菩萨蛮

胡　铨

银河牛女年年渡，相逢未款还忧去。

珠斗欲阑干，盈盈一水间。

玉人偷拜月，苦恨匆匆别。

此意愿天怜，今宵长似年。

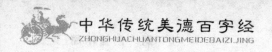

# 密佑宁为斗者死不为降者生

◎随受屈而不毁其节。——《孔子家语》

---

密佑（？—1275），其祖先原为密州（治所诸城，今山东诸城）人，后渡淮居庐州（治所合肥，今安徽合肥）。他"为人刚毅质直"。历任庐州驻扎、御前游击中军统领。

---

南宋帝显德祐元年（1275年）十一月，元将宋都角导等率大兵进攻江西，腐败的南宋文武官员，望风披靡，元军极少遇到抵抗，很快进至隆兴（治所南昌，今江西南昌），守臣刘槃兵败，以城降。元军随后进至抚州（治所临川，今江西抚州），江西路副总管、都统密佑率军守卫，抗击元军。

当元军进攻隆兴之时，江西制置使黄万石把治所移至抚州，并准备逃遁，他怕密佑不从，便调密佑所统之兵去隆兴援助刘槃，并嘱咐不要同元兵交战。都统夏骥率援兵来到隆兴，这时，刘槃已经降元，夏骥便率所部援兵突围而出。故元军进围抚州时，密佑所率宋兵大为减少。

元军进攻抚州，密佑率军迎敌于进贤坪。以往宋兵见元军，大多投降，所以这次两军相见，元兵高声呼喊："降者乎？斗者乎？"密佑回答说："斗者也。"在元兵看来，降者可生，斗者必死。密佑以弱小兵力对付元强大众多之兵，他抱定了宁为斗者死、不作降者生的决心。

密佑当下便挥兵与元军激战，双方在龙马坪战斗多时，元军越来越多，把密佑宋军团团围住。在元军的数重围困下，密佑仍然率士卒苦战，元军之箭如雨飞来，宋军伤亡惨重。这时，密佑对部下将士说道："今日死日也，若力战，或有生理。"他置生死于度外，鼓励将士拼死战斗。将士们在他的鼓励下，个个振奋精神，奋勇杀敌。战斗从辰时（约上午7—9时）一直进行到太阳落山。密佑脸上中箭，他拔箭复战，身上中四箭三枪。士卒大多战死，仅剩数十人仍跟随密佑战斗。

密佑准备带领这数十人向南突围，于是他挥动双刀，边杀边向南走，走到前面渡桥，马踏桥板，桥板断裂，密佑被元兵所俘。

元兵见密佑十分勇敢，俘获之时，互相通知，不要杀密佑，把密佑抬到隆兴。元将见了密佑，夸道："壮士也。"一再劝密佑降元，历时一个多月，密佑始终不降。密佑特别憎恨黄万石在关键时刻调走士兵，使自己抗敌守城的报国之志不能实现。

元将见密佑不肯降，便让南宋降将刘槃、吕师夔坐在城楼上，立密佑于楼下，给密佑金符，许以高官，密佑坚决不受。他见叛国丧节的刘槃等在楼上，便痛斥他们误国降敌。元将见以高官引诱不成，又想用父子之情动摇密佑的意志，便让密佑之子去劝说："父死，子安之？"密佑当即斥责道："汝行乞于市，弟云密都统子，谁不怜汝也。"密佑深知广大人民同情爱国者和为国捐躯的志士。

元将见无计可施，便将密佑杀死。密佑临刑时，自解衣服，神情坦然，慷慨赴难，观者无不泣下。


◎故事感悟

在国家将亡之时，密佑明知自己独力难挽，仍以忠于国家、为国守土为职责，竭尽自己微薄之力，即使以身殉国亦在所不惜。在大节面前，密佑绝不像那些所谓"识时务者"一般贪生怕死，他以自己拼死抗敌、以死全节的行为，鞭笞了那些丧节降敌之人！

◎史海撷英

### 黄天荡之战

南宋建炎三年（1129年）秋，金兀术统兵南下，占领了建康，接着连破临安、越州、明州。宋高宗赵构一直逃到海上，才没成为金兵俘虏。金军大肆掠杀之后北撤，在途中遭到南宋名将韩世忠的阻截，发生了著名的黄天荡之战。

建炎四年，农历正月元宵节，韩世忠得知金军北撤的消息，就下令在秀州张灯结彩，大闹元宵，迷惑敌军，暗地却率8000人奔赴镇江，屯兵长江中的焦山，堵截金兵。金兀术率兵在黄天荡受阻，便派人跟韩世忠约定决战日期。决战那天，韩世忠率领众将士奋勇拼杀，金兵大败。长江北岸金兵得知金兀术大军被截，派船来接应。韩世忠命士兵带着铁锁的大挠钩，把金兵的小船一一钩住，掀翻在江中。决战失利，金兀术无计可施，只得向韩世忠买路渡江，表示愿献出江南掠夺的全部财物，但遭到韩世忠的严词拒绝。金军被困达48天。后来金兀术采用一个奸细的建议，在夜里出动大军，利用老鹳河故道，开渠15公里，并用火攻击宋军船，才逃出。

黄天荡之战，沉重地打击了金兵的嚣张气焰，扭转了南宋军总打败仗的局面，大长了宋军抗金救国的士气。

◎文苑拾萃

### 《宋史·密佑传》节选

密佑，其先密州人，后渡淮居庐州。佑为人刚毅质直，累官至庐州驻札、御前游击中军统领，改权江西路副总管。

咸淳十年，以阁门宣赞舍人为江西都统。是冬，大元丞相伯颜下鄂州，留右丞阿里海牙守之，而将大兵东下。明年二月，朱祀孙遣高世杰取鄂州，阿里海牙以兵逆击，执世杰荆江口，兵尽溃，半入江西。江西制置黄万石招集之，且募宁都、广昌、南剑义兵千余人，尽以属佑。十一月，大兵至隆兴，刘槃兵败，乃婴城自守。万石时移治抚州，将遁，惧佑不从，乃调佑兵援槃，且戒以勿战。未至隆兴，槃已降，都统夏骥率所部兵溃围出。

# 李庭芝、姜才誓死不作降将军

◎乐不可欺以马，君子不可欺以人。——《太平御
　　览·兽部八·马四》

> 李庭芝（1219—1276），祖籍汴州（今河南开封）。李家十二世同居一堂，忠信节
> 义，代代善武，人称"义门李氏"。1234年，金朝灭亡，襄、汉一带遭受战乱，李家
> 又徙居随州。

　　咸淳九年（1273年）二月，元军在攻取樊城（今属湖北）后，又逼使坚守达五年之久的军事重镇襄阳（今湖北襄樊）投降，就此打开了南宋的大门。四月，元朝文武大臣纷纷劝元世祖遣军灭宋，完成统一全国的大业。元政府当即安排将士做好灭宋准备。面对元朝的攻势，南宋政府根据大将李庭芝的建议，于十一月命夏贵为淮西制置使，负责淮西防务，李庭芝则专力于淮东军事。

　　咸淳十年（1274年）六月，元世祖丞相伯颜统帅大军伐宋。元军分两路南下，一路由大将阿术统兵，进攻军事重镇扬州（今属江苏）；另一路由伯颜亲率大军，沿汉水入长江，再顺江东下，直趋临安（今浙江杭州）。十二月，伯颜率军过长江，攻下鄂州（治所江夏，今湖北武昌），南宋震惊。德祐元年（1275年）二月，南宋宰相贾似道兵败芜湖（今属安徽），沿江诸郡守土将官，或逃遁，或投降，竟"无一人能守者"。只有李庭芝在扬州抗拒元兵，坚守城池。

　　贾似道镇守扬州，任李庭芝为制置司参议，他建议在清河五河口立栅，增建淮南烽火120处。开庆元年（1259年），权镇扬州，第二年，朝廷议论选派镇守扬州的将领，宋理宗认为"无如李庭芝"，便以李庭芝主管两淮制置司

事。在主持两淮军事时期，李庭芝多次击败元军。

李庭芝主持两淮军务之初，扬州新遭火烧，庐舍尽毁，扬州所依赖的产盐之利，由于制盐的亭户逃亡，收入大受影响。李庭芝到任，先借贷百姓造屋，一年，民屋皆具。又凿河四十里入金沙余庆场，以节省车运，再浚疏运河，免去亭户所欠之盐200余万。由于亭户不仅免去车运之苦，又免去所欠之盐，逃亡亭户纷纷归来，盐利大兴。

安定了百姓，恢复了盐利，李庭芝便对扬州防务作了重要的安排。扬州城外有平山堂，可以居高临下，窥视扬州城，"大元兵至，则构望楼其上，张车弩以射城中"。于是李庭芝便筑大城，将平山堂包之于内，招募河南流民2万人充实其间，建立了"武锐军"。与此同时，李庭芝也很重视对扬州民政的治理，他"大修学"，以教育百姓，"郡中有水旱，即命发廪，不足则以私财振之"，扬州百姓"德之如父母"。这样，李庭芝既开发了财源，又巩固了城防，取得了百姓的支持，这是他之所以能守扬州抗元的重要条件。南宋大将刘槃认为，"李庭芝老成谨重，军民安之"，扬州防务十分可靠。

元将阿术向扬州进发，他预先派李虎持招降榜入扬州，李庭芝毫不留情，当即斩杀李虎，焚毁其招降榜。总制官张俊出战，回来时竟持降元大官僚孟之縉的书信来招降，李庭芝立焚其书信，将张俊等五人枭杀于市。在处理两次劝降事件中可以看出，李庭芝誓不降元的决心十分坚定。这大大激发了将士们爱国抗敌的士气。在大将率兵出战时，李庭芝都以金帛、牛酒犒赏将士，将士们个个奋发，与元军作拼死战斗。

李庭芝扬州抗元，受到南宋朝廷的奖赏，南宋皇帝赵显于德祐元年四月，加李庭芝参知政事；六月，又任命李庭芝为枢密院事。

与李庭芝共同守扬州抗元的将领中，以姜才最为坚决、勇敢。姜才（？—1276），濠州（今安徽凤阳）人，以善战闻名，在两淮的众多大将中，无人可与姜才相比。"（姜）才知兵，善骑射，抚士卒有恩，至临阵，军律凛凛"。一次，姜才的儿子在战斗中，驰回报告，姜才以为是败逃，拔剑追逐，险些将儿子杀了，可见其治军之严。当元军进攻扬州时，姜才多次与战，在扬子桥战斗时，"日暮兵乱，流矢贯（姜）才肩，才拔矢挥刀而前，所向辟易"。

　　十月，元将阿术在进攻扬州数月不下之后，便"筑长围"以困扬州，"于是城中食尽，死者枕籍满道，而李庭芝志益坚"。德祐二年（1276年）正月，伯颜率元军入临安，谢太后与赵显降元。伯颜见阿术攻扬州不下，便让谢太后、赵显下诏要李庭芝降元。这时已到二月，扬州城中饥饿更甚，不屈的百姓，宁死不降，几乎每天都有数百人投濠水殉国。有时路上有死人，便会被割食立尽。但是，李庭芝、姜才仍然坚守着扬州。当使者持谢太后诏书到扬州城下劝降时，李庭芝登城回答道："奉诏守城，未闻有诏谕降也。"随后，谢太后再次诏李庭芝以城降元，诏书说：让你降元，未得回答，大概你不知道我的意思，还想固守扬州。现在我同嗣君已经臣伏，你还为谁守城呢？对于谢太后这种毫无骨气的诏书，李庭芝不作回答，他命姜才向来劝降的六个使者射箭，当即射杀一人，其余五人，急忙逃走。

　　元军带着谢太后、赵显去大都（今北京），行至瓜洲（今江苏扬州南），李庭芝命姜才率兵四万去袭击，准备夺回赵显和谢太后，在行前，"（姜）才与（李）庭芝泣涕誓将士出夺之，将士皆感泣"。在瓜洲大战，元军拥赵显等走，姜才边战边追，直至浦子市，也未追上。这时，阿术派人来招降姜才，姜才坚定地回答道："吾宁死，岂作降将军邪！"

　　三月，淮西制置使夏贵降元。阿术带着夏贵及其降兵来到扬州城下。面对数倍于己的元军，李庭芝的幕客试探着问如何办，李庭芝毫不犹豫地回答："吾惟一死而已。"李庭芝已下定决心，保卫扬州，以死报国。阿术以为大兵包围，扬州又断粮，可以劝说李庭芝投降了，便派使者到扬州。李庭芝开门接纳元使者入城，随后便将元使斩杀，焚其招降诏书于城上之女墙。到三月，淮安（今属江苏）、盱眙（今属江苏）、泗州（今江苏盱眙西北）各城，均因粮尽而降元。为了继续抗元，李庭芝便收集民间粮食，再令官员出粮，又让将校出粮，最后以牛皮麴蘖为食，以至"兵有自食其子者，然犹力战不屈"。

　　当听说高邮（今属江苏）运米将至时，李庭芝便命姜才率步骑五千人接应，与元军战于丁村，先胜，后因阿术大兵至，未能获得粮食。自此，阿术在切断高邮至扬州的水路之后，又切断了陆路运输。扬州的形势更加险恶了。阿术在七月向元世祖请命，不追究李庭芝焚烧元朝诏书之罪，再劝李庭芝投降，元世祖同意了，但李庭芝坚贞不屈，拒绝降元。南宋益王赵昰充分肯定李庭芝忠于国家、艰苦抗元的行为，升任他为少保、左丞相，迁姜才为保康军承宣使，召李庭芝到福州（今属福建）扶植益王政权。

李庭芝准备去福州，便命淮东副制置使朱焕守扬州，自己与姜才率士卒七千东至泰州（今属江苏），准备入海赴闽。这时，阿术率军赶至，将李庭芝、姜才围于泰州。在李庭芝、姜才离扬州不久，朱焕便向元军投降。元军将李庭芝、姜才及其余将士的妻子带至泰州城下，想以此招降李庭芝、姜才。见元军包围泰州，又看到自己妻子被押至城下，将校胡惟孝、夏贵动摇了，他们打开泰州城门，向元军投降。姜才背疽发作，不能作战，被元军所俘。李庭芝得知泰州城破，立即跳入莲池自杀，但水浅未死，亦被元军俘虏。

元军将李庭芝、姜才押至扬州，阿术爱姜才忠勇，准备劝降他。姜才明确答复道："不降者才也。"叛将朱焕厚颜无耻，请阿术杀死李庭芝、姜才，说什么扬州"积骸满野，皆庭芝与才所为"。元兵杀死了李庭芝，姜才愤恨不已，阿术恼怒姜才不降，竟命用剐刑处死他。姜才临刑时，看见自己旁边的降将夏贵，切齿斥责道：你见了我怎么不羞愧死呢？李庭芝、姜才为国捐躯，扬州百姓无不悲伤落泪。

## ◎故事感悟

"不作降将军"，短短五个字，充分反映了李庭芝、姜才高尚的气节和忠贞爱国的精神。他们"死于国难"，名标青史，受到人民的尊敬和怀念。

## ◎史海撷英

### 贾似道专权

开庆元年（1259年），蒙古兵分三路大举攻宋，蒙古大汗蒙哥自攻四川，其弟忽必烈（后为元世祖）攻鄂州，另一路由云南入广西攻湖南。朝廷大震，理宗即军中拜似道为右丞相，令率军援鄂。坚守凡四月，时蒙哥已于九月间在四川中箭死，忽必烈急欲攻下鄂州，至闰十一月仍无望，乃撤军。宋朝的威胁暂时解除。

　　当时，吴潜、丁大全实任左、右丞相，理宗对他们的一切措施均感不满，于是加似道少傅，召入朝，从此专国政。贾似道首先禁绝宦官干政和外戚弄权，使内外肃然。继行公田法，用于限价购买大地主超额土地，废止和籴，以其租谷作军饷，充实国库。又制狭口阔底斛式颁行全国，减轻贫苦者的超剥削。这些措施原都有利国计民生，但却招致了统治阶级内部的不满。

## ◎文苑拾萃

### 宋史新编

　　《宋史新编》为明柯维骐撰。200 卷。成书于嘉靖三十四年（1555 年）以前。合宋、辽、金三史为一书，以宋为正统，辽、金附之。凡本纪 14 卷，志 40 卷，表 4 卷，列传 142 卷。柯氏治宋史用力甚勤，历时 20 年，考订增补，撰为是书，对《宋史》缺谬多有增补，而史料所增有限。此书初刊于明嘉靖三十六年（1513 年）。书成有明代刊本，流传甚微，抗战前上海大光书局有排印本。

## 张铨刚强不屈

◎逸伦之士，不以否塞而薄其节。——葛洪

> 张铨（？—1621），字宇衡。沁水（今属山西）人。万历三十二年（1604年）进士及第，历任保定（今属河北）推官、御史。

生于明末的张铨，看到国家日益衰弱，辽东女真兴起，实堪忧虑。他不断上书陈述自己对时局的看法，提出应采取的措施。他不同意经略杨镐的四道出兵进击金兵的战略，他认为，这是以自己之所短去击敌人之所长。他不同意征兵四方征讨后金，他指出，"若加赋选丁，骚扰天下，恐识者之忧不在辽东"。他主张，防外首先要治理好内部。他关心边事，同时主张百姓生活负担不宜过重，至于"竭天下以救辽，辽未必安，而天下已危"，这样对百姓"朘削无已"，是"驱之使乱"。出于挽救明王朝的愿望，他主张明朝皇帝将"内廷积金如山"的财富用以救援辽东和安抚百姓。然而他的爱国建议，都未被明神宗和当权大臣采纳。

明熹宗即位后，张铨被派往辽东，为巡按御史。天启元年（1621年）三月，后金攻破沈阳（今属辽宁），张铨当即上疏熹宗，要求派将防守各处，以抵御后金。表疏刚上，后金便包围了辽东都司所在地辽阳（今属辽宁）。经略袁应泰命大将李怀信等率兵五万出城结营，又督大将侯世禄等出城迎击。

皇太极率后金大军攻击辽阳城，他布阵于城前，除左右两翼外，皇太极亲率精兵居中，直扑李怀信大营。李怀信抵御不住，正在这时，后金的四旗兵又攻至。在后金的夹击下，李怀信大败，五万明兵狂奔逃命，后金军追杀六十里始止。在李怀信遭到后金打击时，袁应泰与张铨派军出援，结果被后金红旗兵击退。明军败退入城，都争相进关，拥挤践踏而死者甚多。面对后金的围攻，袁应泰便与张铨划地守城。

张铨与袁应泰坚守三天，城被后金攻破，袁应泰自刭殉国，张铨被俘。

张铨被俘后，毫不屈服，他面对金兵引颈待刀，准备以身殉国。努尔哈赤见张铨刚强爱国，决定满足他死国之志。皇太极十分爱惜张铨，再三劝说张铨归顺后金，张铨心如铁石，誓死不降。皇太极见无法夺其志，便送张铨回官衙，由其以死殉国。"（张）铨衣冠向阙拜，又遥拜父母，遂自刭"，皇太极以礼葬之。

## ◎故事感悟

忠心爱国的张铨始终为国运衰微而忧虑，竭心尽智，挽救国家。辽阳城破被俘，他刚强不屈，以身殉国，其事迹将被后世永远流传。

## ◎史海撷英

### 胡惟庸案

胡惟庸案，简称"胡狱"或"胡党之狱"。明初四大案之一。洪武十三年（1380年），明太祖朱元璋以"谋不轨"罪诛当时宰相胡惟庸九族，同时杀死御史大夫陈宁、中丞涂节等数人。洪武二十三年（1390年），朱元璋颁布《昭示奸党录》，以伙同胡惟庸谋不轨罪，处死韩国公李善长、列侯陆仲亨等开国功臣。后又以胡惟庸通倭、通元（北元），究其党羽，前后共诛杀三万余人，时称"胡狱"。除掉胡惟庸后，朱元璋罢左右丞相，废中书省，其事由六部分理，另设殿阁大学士供皇帝作为顾问，结束了中国的宰相制度。

◎文苑拾萃

## 保定直隶总督署

直隶总督署的前身可追溯至元代，元代为顺天路总管府所在地，明代为保定府署与大宁都司署、参将署。雍正七年（1729年），原来的直隶巡抚升任直隶总督，仍驻节保定，于是在原基础上重建了总督渐署。清朝灭亡之后，这里先后为直隶督军署、直鲁豫巡阅使署、河北省人民政府、中共保定市委等机关所在地。

直隶总督署严格按照清制修建，东西广约130米，南北深约220米，占地总面积30000平方米。以更道相隔，渐署分为东、中、西三路，主体建在南北向的中轴线上，即中路包括大门、仪门、大堂、二堂、官邸、上房等，并配有左右耳房、厢房等，三开间的黑色大门上方，是挂雍正皇帝手书"直隶总督部院"匾额，封闭式的格局和威严的气氛给人一种望而生畏的感觉。其他辅助建筑如花厅、幕府院等分列在东西两路。这些建筑均为布瓦顶、小式硬山建筑，是一座典型的北方渐署建筑群。

# 侯峒曾头可断节不可移

◎臣心一片磁针石，不指南方不肯休。——文天祥

> 侯峒曾（1591—1645），字豫瞻。嘉定人。父亲在明朝为给事中。天启五年（1625年）进士及第，任南京武选司主事。崇祯七年（1634年）被兵部尚书荐为职方郎中，力辞，改为南京文选司主事，后又任江西提学参议、广东副使、浙江右参政。

明崇祯十七年（1644年）三月，李自成农民军进入北京，明朝灭亡。吴三桂引清兵入关，并于五月二日进入北京。李自成大顺农民起义军迭遭挫折。清朝统治者认为，汉人只有像满人那样剃发束辫，改从满人习俗，才是真心归顺，所以清军一入关便连下"剃发令"。由于受到北京一带人民的反抗，清廷胜败未卜，所以一度收回成命。到顺治二年（1645年）六月，大顺农民军进一步遭到挫折，清军克扬州，下南京，破苏州、杭州，清朝廷认为胜局已定，便"谕南中文武军民剃发，不从者治以军法"，并限十天内剃完。这种民族高压政策，大大地激化了民族矛盾。

七月份，嘉定（今属上海）爆发了十多万人参加的反剃发斗争。清嘉定知县张维熙强迫人民剃发，激怒了嘉定城乡人民，他们迅速以自然村、镇为单位和名号，组织起来，赶走了张维熙，烧毁了前来镇压的清军船只，打败清军。随后，推举侯峒曾、黄淳耀等领导抗击清军。

吏部尚书郑三俊举天下贤能监司五人，侯峒曾是其中之一。召为顺天府（今北京）丞，未赴而明亡。南明福王时，委为左通政，不就。当南京失陷后，

各地人民起兵自保。闰六月十七日，侯峒曾倡导嘉定人民起义，并被推举为首领，他与同乡黄淳耀、张锡眉、董用园、马元调、唐全昌、夏云蛟等誓死固守。

降清将领李成栋带兵来攻，侯峒曾与义军坚守孤城半个多月。他们派人向吴淞总兵吴志葵求援，吴志葵遣游击蔡祥以七百兵前来救援，被李成栋击败，蔡祥率残兵逃遁，自此再无援军救助嘉定。清军送来劝降书，侯峒曾以死自誓，把劝降书撕得粉碎，并领导嘉定人民顽强抗击清军。七月初三，大雨滂沱，一段城墙被冲塌，侯峒曾率义兵架巨木支撑。七月初四，雨势更大，城中已无箭和石头，东门城墙突然崩坏，清兵乘机涌入。

义兵要护送侯峒曾出走，侯峒曾慷慨说道："我既守城，当与城共存亡，岂可出走？"于是，"峒曾拜家庙，挈二子元演、元洁并沉于池"。同时为国殉难的还有张锡眉、董用园、马元调、唐全昌、夏云蛟。清兵入城后，对嘉定城的百姓进行了野蛮的屠杀。

## ◎故事感悟

侯峒曾领导嘉定人民反对剃发，以维护汉民族习俗传统的反抗斗争，是维护民族尊严的爱国之举。在斗争中，侯峒曾为了民族尊严不惜牺牲自己的生命，这种坚贞高尚的民族气节令人敬佩。

## ◎史海撷英

### 清廷下达"剃发令"

1645年，晋亲王多铎统军占领南京，南明弘光朝廷覆亡。同年六月，南明降臣钱谦益、赵之龙等向多铎献策曰："吴下民风柔弱，飞檄可定，无须用兵。"清廷乃于六月十五日颁诏书往江南曰："……削发一事，本朝已相沿成俗，尔等毋得不遵法度。……凡不随本朝制度者，杀无赦。""身体发肤授之父母，不可损伤"，这是汉民族千年来的伦理价值观，削发可谓是对人格的极大侮辱。故"剃发令"

一下，各地民怨沸腾、反抗骤起，尤在松山、昆山、苏州、嘉定、绍兴、江阴等地为盛。因反抗剃发令暴行，嘉定百姓遭到清政府的血腥镇压，史称"嘉定三屠"。

## ◎文苑拾萃

### 嘉定市

　　嘉定位于中国大陆经济龙头——上海的西北部，建县于南宋嘉定十年，距今已有 780 多年的历史，是名副其实的江南历史文化名城，总面积 464.2 平方千米。这里民风淳朴，文风鼎盛，风光秀丽，人杰地灵，素有"教化嘉定"的美称。近年来，在改革的浪潮中，嘉定凭着特殊的区位条件和历史、人文、基础设施等方面的诸多优势，吸引了海内外众多的外商前来投资创业，成为广受瞩目的投资沃土。

# 高睿夫妇以死报国恩

◎岁寒，然后知松柏之后凋也。——《论语·子罕》

---

高睿（？—698），雍州万年（今陕西西安）人。其祖是隋代著名宰相高颎，父亲高表仁在唐为刺史。高睿明经及第，在通义（今四川眉山）县令任上，"有治劳，人刻石载德"。后除桂州（治所临桂，今广西桂林）都督，又加银青光禄大夫，封昌平县子。

---

武则天时期，东突厥在阿波可汗领导下再次强大起来。阿波可汗，即默啜，名环，系骨咄禄可汗之弟。武则天册封默啜为左卫大将军，迁善可汗。默啜协助武则天击败契丹，武则天进默啜为颉跌利施大单于、立功报国可汗。神功元年（697年），武则天将处于河曲六州的突厥降户和单于都护府之地赐予默啜，并予以谷种、缯帛、农器等，这为突厥社会生产的发展提供了有利条件，突厥力量迅速壮大。

默啜一方面同武则天来往，另一方面又不放过每次侵扰、掳掠的机会。在默啜的带领下，东突厥后朝有胜兵40万。圣历元年（698年）八月初，默啜大举袭击武周边境。八月二十六日攻飞狐口（今河北涞源北、蔚县南），二十八日攻陷定州（治所安喜，今河北定县），杀吏民数千。

九月十一日，默啜率突厥大军围攻赵州（治所平棘，今河北赵县），受到赵州刺史高睿的顽强抵抗。

当突厥攻赵州城时，高睿率部据城坚守。有人在突厥兵到以前，劝高睿说："突厥兵勇猛悍强，所向无敌，百姓听到突厥兵来，为之丧胆，大人力不能抵御，不如降突厥，保全身家性命。"高睿严正回答道："吾为天子刺史，不战而降，其罪大矣。"拒绝向突厥投降，突厥猛攻赵州，赵州长史唐波若认为城将被攻陷，便暗中与突厥勾结，投降献城。高睿无力制止，看到自己所守国土即将沦陷，未能尽到守土抗敌之责，只有以死报国了。于是，高睿同夫人秦氏一起服毒自杀，未果。这时，突厥已入城，高睿夫妇被俘。

默啜为了让高睿劝谕各县投降，便叫人把高睿和秦氏夫人抬到大帐。默啜拿出金狮子带、紫袍，对高睿言道："降则拜官，不降则死！"高睿看了看妻子，秦氏夫人坚定地说道："君受天子恩，当以死报，贼一品官安足荣？"于是夫妇两人均闭目不言，立志以死报国恩。默啜仍不甘心，便将高睿夫妇看押起来。默啜以为他们夫妇不降，只是一时激愤之举。谁知次日高氏夫妇依旧顽强不屈，誓死报国。默啜见状，知道高睿夫妇绝不会投降了，便将高睿和秦氏夫人处死。

## ◎故事感悟

当突厥侵犯赵州之时，作为一州之长，高睿当仁不让地挑起守土御敌之重担。面对强敌他毫无畏惧之色，奋勇抗敌。城破之后，则以死殉国。尤其是他的夫人秦氏，深明大义，支持丈夫忠贞爱国、保全大节，最后与丈夫一起殉国。高睿夫妇刚强不屈、为国献身的精神深受人们敬仰！

## ◎史海撷英

### 政通人和

武则天统治时期，因任用酷吏让她背上了骂名。当统治稳定之后，武则天开始弃用酷吏。

称帝第二年，武则天便用两大酷吏之一的来俊臣杀了另一个酷吏周兴；至万岁通天二年（697年），又杀来俊臣，结束了酷吏政治。

在用人上，武则天为了夺取政权，维护统治，任用酷吏打击反对派；但是她还任用了很多贤臣来治理天下。武则天作为一个政治家，在历史上以知人善任著称，武则天一朝号称"君子满朝"。娄师德、狄仁杰等著名的贤臣均在其列，后来的"开元贤相"姚崇和宋璟也是武则天时期提拔起来的。武则天善于用人还体现在她在用人制度的改革和创新上。她改革科举，提高进士科的地位；举行殿试；开创武举、自举、试官等多种制度，让大批出身寒门的子弟有了一展才华的机会。

在经济上，武则天早在"建言十二事"中就提出薄赋敛、息干戈、省力役等主张以保障农时。在其执政的半个世纪中，社会经济快速发展，永徽三年（652年）全国有380万户，到武则天退位的神龙元年（705年）则增长到615万户。此时均田制开始瓦解，民户逃亡现象开始普遍，武则天对此采取了相对宽容的政策，促进了生产力的发展。不过民户逃亡也使政府税收受到了损失，增加了社会的不稳定因素。另外，武则天为了称帝尊崇佛教，大修庙宇，建造规模宏大的明堂、天堂，这也加重了人民的负担。

## ◎文苑拾萃

### 春江花月夜

（唐）张若虚

春江潮水连海平，海上明月共潮生。

滟滟随波千万里，何处春江无月明。

江流宛转绕芳甸，月照花林皆似霰。

空里流霜不觉飞，汀上白沙看不见。

江天一色无纤尘，皎皎空中孤月轮。

江畔何人初见月？江月何年初照人？

人生代代无穷已，江月年年望相似。

不知江月待何人，但见长江送流水。

白云一片去悠悠，青枫浦上不胜愁。

谁家今夜扁舟子？何处相思明月楼？

可怜楼上月裴回，应照离人妆镜台。

玉户帘中卷不去，捣衣砧上拂还来。

此时相望不相闻，愿逐月华流照君。

鸿雁长飞光不度，鱼龙潜跃水成文。

昨夜闲潭梦落花，可怜春半不还家。

江水流春去欲尽，江潭落月复西斜。

斜月沉沉藏海雾，碣石潇湘无限路。

不知乘月几人归，落月摇情满江树。

# 朱昭誓死与震威共存亡

◎报国行赴难，古来皆共然。——崔颢《赠王威古》

> 朱昭（1087—1126），字彦明，府谷人。自由娴熟武艺，立志报效国家，在与西夏国震威城一战中作战英勇，壮烈牺牲。

宋徽宗宣和七年（1125年），正当北宋政府忙于应付南下的金兵之时，西夏又乘机攻取北宋的河东地区黄河以西各城镇。钦宗靖康元年（1126年）三月底，西夏进攻距府州（今属陕西）300里的震威城（也作镇威城，在今陕西榆林地区）。震威城是这一带最为孤绝的边城，西夏满以为攻取它是轻而易举的事。出乎他们意料的是，震威军民在朱昭的统领下，进行了保卫国土的顽强斗争，使西夏付出了巨大的代价。

宣和七年，朱昭出任震威城兵马监押、摄知城事。当西夏军队进至城下时，朱昭率领城中军民老幼绕城坚守。他招募骁勇健锐士卒千余人，出城进击西夏兵。他说："贼知城中虚实，有轻我心，若出不意攻之，可一鼓而溃。"于是连夜缒兵出城，直向敌营冲击。西夏士兵没有料到宋兵会杀出城来，毫无准备，所以全营惊惧慌乱。震威城上，宋朝军民的鼓声、喊杀声响成一片，为出城作战的宋军助威，宋军乘势斩杀敌人。西夏兵乱成一团，也不知宋军有多少，毫无抵御之心，只想逃命。这一仗，宋军杀死不少敌人。

遭朱昭宋军袭击，西夏兵损失很大，但是他们仍不甘心，又集结大军猛烈攻城。西夏士兵使用木鹅梯冲击，准备登上城楼。朱昭命宋军放箭抵御，箭发如雨，使西夏士兵无法靠近城池，更不要说登城了。即使如此，西夏兵依仗人多，仍然不分昼夜进攻，朱昭率领震威军民严加防守。

西夏兵见攻城数日不下，便想劝降朱昭。这天，西夏大将悟儿思齐全身披甲，还带盾牌到城前，要同朱昭对话。在对话中，悟儿思齐以金与西夏要联合灭亡宋朝相威胁，又说，麟州（治所新秦，今陕西神木北）、府州都已归降西夏，劝朱昭也投降西夏。朱昭当即反驳悟儿思齐，并宣读了宋徽宗的传禅诏赦，以此说明大宋皇帝已改旧过、行新政，自己是宋朝臣子，誓死不降。

是时，河东不少城镇已投降西夏。朱昭的一位已降西夏的旧日朋友也来劝说朱昭："天下事已矣，忠安所施？"朱昭对故友的叛国不忠十分愤怒，他严厉斥责道："汝辈背义偷生，不异犬彘，尚敢以言诱我乎？我唯有死耳！"他大骂这位贪生怕死的叛国之徒，并引弓张箭射之。朱昭以对国家的忠诚，挫败了敌人的劝降阴谋。

震威城被围攻四天，城墙多处坍塌，朱昭率领军民设法补救、防御。虽然可以抵挡一阵，但已很难保住城池了。眼看城将被西夏攻破，朱昭召集将校言道："城且破，妻子不可为贼污，幸先戕我家而背城死战，胜则东向图大功，不胜则暴骨境内，大丈夫一生之事毕矣。"朱昭抱必死之心，与城共存亡。于是，朱昭与诸将校为了保住妻儿的清白，都杀死了自己的家属。朱昭慷慨地对将校说："我与汝曹俱无累矣！"意思是，我们都没有家室之累了，不用分心，可以专心同敌人作拼死斗争了。

朱昭与将士们的悲壮之举传到了西夏军中，他们知道将要同抱必死之心的勇士作战，不免有些担心和恐惧。于是西夏将领便收买了震威城中的奸细，攻进了震威城。朱昭得知敌人入城的消息，立即率军与敌人进行巷战，从晚上一直战斗到天明。震威城中的街巷都被尸体所填满，无法行走。朱昭跃马从城墙的缺口出城，准备突围，不料战斗了一夜的马十分疲乏，竟失蹄摔在城堑。西夏士兵一见，高兴极了，都欢呼起来："得朱将军矣！"准备活捉朱昭。在这危急关头，只见朱昭怒目圆睁，手持宝剑，依然是威武不可犯的样子，竟使敌人无一敢上前。最后，朱昭被敌人用箭射死。

## ◎故事感悟

朱昭以自己的生命和爱国主义精神，谱写了保卫祖国、与城池共存亡的壮烈史篇！

## ◎史海撷英

### 宋徽宗独创"瘦金体"书法

宋徽宗赵佶不仅擅长绘画，而且在书法上也有很高的造诣。赵佶书法在学薛曜、褚遂良的基础上，创造出独树一帜的"瘦金体"，瘦挺爽利，侧锋如兰竹，与其所画工笔重彩相映成趣。

瘦金书的意思是美其书为金，取富贵义，也以挺劲自诩。赵佶传世的书法作品很多，楷、行、草各种书法作品皆流于后世，且笔势挺劲飘逸，富有鲜明个性。其中笔法犀利、铁画银钩、飘逸劲特的《秾芳依翠萼诗帖》为大字楷书，是宋徽宗瘦金书的杰作。

但是，宋徽宗的书法存在着柔媚轻浮的缺点，这也许是时代和他本人的艺术修养所致。但他首创的瘦金体的独特的艺术个性，为后人竞相仿效。

## ◎文苑拾萃

### 清明上河图

《清明上河图》以精致的工笔记录了北宋末期、徽宗时代首都汴京（今河南开封）郊区和城内汴河两岸的建筑和民生。该图实际描绘的是秋季景色，"清明"二字是描绘当时政治清明，天下太平，并非清明时节。因张择端是一位宫廷画家，他的画是为宫廷服务的，关于"清明"二字的来历有两个：一是张择端在进献画时为得到皇帝的赏识，所以加上了"清明"二字；二是张择端在将画进献时并没有"清明"二字，只叫"上河图"，皇帝看到画上的繁荣景象，因喜欢粉饰天下，所以在"上河图"这个名字的基础上加上了"清明"二字，是为"清明上河图"。

对于北宋京城汴梁以及汴河两岸的繁华景象和自然风光，作品以长卷形式，采用散点透视的构图法，将繁杂的景物纳入统一而富于变化的画面中。画中人物815人，衣着不同，神情各异。其间穿插各种活动，注重戏剧性，构图疏密有致，注重节奏感和韵律的变化，笔墨章法都很巧妙。

# 京兆尹盖勋不畏强暴

◎但令身未死，随力报乾坤。——宋·文天祥《即事》

> 盖勋（生卒年不详），字元固。敦煌郡广至县（今甘肃安西县西南）人。东汉末期著名的清官。盖勋主要活动于东汉灵帝时期。他出身世代仕宦家庭，曾祖父盖进，曾任东汉汉阳郡太守。祖父盖彪，曾任东汉大司农，掌管粮食、货币等。父亲盖思齐，官至安定属国都尉，主管其地归汉的南匈奴人和羌人等少数民族事务，其级别和郡太守一样。

中平五年（188年）八月，汉灵帝新建了一支强大的禁军，编为八个校尉，大本营设在禁苑西园，史称"西园八校尉"。宦官蹇硕担任上军校尉，统率全军，气焰不可一世。正是在此背景下，在西北边陲屡建功勋的盖勋被征入朝，参与典掌禁军，受制于蹇硕，随时都可能有不测之祸。但性格耿介的盖勋始终不肯趋炎附势。

有一天，灵帝召见盖勋，探讨天下大乱的原因。盖勋一针见血地指出：天下之所以久乱不息，完全是"幸臣子弟扰之"。灵帝转而问蹇硕，蹇硕害怕得"不知所对"，由此深恨盖勋，伙同司隶校尉张温排挤盖勋，让他出任京兆尹。盖勋赴任不久，便碰到一桩棘手的案子。长安县令杨党的父亲为中常侍，杨党便"恃势贪放"，劣迹昭彰。盖勋亲自调查，得其贪赃数额千余万。案发后，京城震动，权贵们纷纷替杨党说情。对此，盖勋毫不妥协，穷追到底，冲破阻力，将此案原原本本地向皇帝奏报，奏状中还牵涉到了杨党的父亲。皇帝下诏命彻底追查，终于使这两位不法父子受到惩处。

皇太子的尚药监高望是京兆长安人，颇得太子宠信，通过皇太子打通关节，要盖勋为自己儿子开"绿灯"，举荐他为孝廉。盖勋秉公选贤，顶着未办。一些好心人劝他：皇太子是皇帝继位人，高望为他所宠爱，你这样做，会把他们都得罪了。但盖勋毫不动摇，正色凛然地说："选贤所以报国也。非贤不举，死亦何悔！"灵帝在这点上还算不糊涂，他看出了盖勋的忠诚，数加赏赐，甚见亲信，经常送书长安向他询问军国大事。

中平六年（189年）四月，灵帝死。八月，凉州军阀董卓拥兵入京，专擅废主，残暴无忌。但他做贼心虚，惧怕兵起西方，借故将盖勋调到京师，用明升暗降的办法褫夺了他的实权。回到京城，盖勋不为董卓淫威所慑，而是以凛然正气蔑视董卓的凶焰。当时许多公卿都苟且偷安，贪禄保位，不惜出卖灵魂，"自公卿以下，莫不卑小于卓"。每当上朝，自"御史中丞以下皆拜"，唯独盖勋"长揖争礼"，以平等的礼节相待，"见者皆为失色"。一次，董卓问司徒王允："欲得快司隶校尉，谁可作者？"王允毫不迟疑地答道："唯有盖京兆耳。"虽然从各方面来看，盖勋都是当之无愧的人选，一旦受命，也一定能成为不负众望的勇于纠违劾暴的"快司隶校尉"，但专权擅政的董卓怎会让如此重要之职落到一个"强直不屈"的人手中呢？他需要的是既能点缀时政，又不妨碍自己的玩偶。因此他根本无意采纳王允的建议，说："此人明智有余，然不可假以重职。"只委任盖勋为越骑校尉，又不想让他掌兵权，最终还是授以散冗闲职。

次年，董卓焚掠洛阳，挟汉献帝西归，盖勋目睹奸雄暴行，怒火中烧，但当时他身囚牢笼，无力除奸。最后，他病忧交加，含恨而死。

## ◎故事感悟

综观盖勋的一生，并无显赫的功绩。作为腐朽王朝的官吏，他无疑是汉家的忠臣。然而，在那豺狼当道的黑暗时代里，盖勋为官处世，耿介不屈，嫉恶如仇，执法严谨，是非分明，与那些贪官保位的恶吏和忠君不爱民的庸官迥然有别，是一位值得肯定与尊敬的人物。

## ◎史海撷英

### 东汉与匈奴关系

公元46年（建武二十二年），匈奴贵族之间爆发了争立单于的斗争，互相猜忌，出现裂痕。加上蒙古草原上连年旱蝗，"人畜饥疫，死耗大半"，匈奴遂分裂为南北两部。刘秀接受了南匈奴的归附，令其入居云中，东汉政府每年供给南匈奴一定数量的粮食、牛马及丝帛等物资。南单于则遣侍子入朝，分置诸部于北地、朔方、五原、云中、定襄、雁门、代郡、西河等缘边八郡，协助东汉防御北匈奴的侵扰。

南匈奴归附东汉王朝后，留在蒙古草原上的北匈奴势力大大削弱，在南北交战中，数次被南匈奴击败。73年（永平十六年），东汉王朝大举反击，窦固等分兵四路，深入北匈奴腹地，取得很大的军事胜利，往北追至蒲类海（新疆巴里坤湖），并留屯于伊吾卢城（新疆哈密）。到汉章帝时，北匈奴日益衰弱，先后有数十万人入塞投降。89年（永元元年），窦宪、耿秉等率领汉军会合南匈奴大举北进，与北单于交战，连战皆捷，降者前后20余万人。在以后的两年内，北匈奴不断失败，向西迁移。以后，北匈奴的一部分越过中亚、西亚迁往欧洲。

## ◎文苑拾萃

### 陌上桑

汉乐府

日出东南隅，照我秦氏楼。

秦氏有好女，自名为罗敷。

罗敷善蚕桑，采桑城南隅。

青丝为笼系，桂枝为笼钩。

头上倭堕髻，耳中明月珠。

缃绮为下裙，紫绮为上襦。

行者见罗敷，下担捋髭须。

少年见罗敷，脱帽著帩头。

耕者忘其犁，锄者忘其锄。

来归相怨怒，但坐观罗敷。

使君从南来，五马立踟蹰。

使君遣吏往，问是谁家姝？

"秦氏有好女，自名为罗敷。"

"罗敷年几何？"

"二十尚不足，十五颇有余。"

使君谢罗敷："宁可共载不？"

罗敷前致词："使君一何愚！

使君自有妇，罗敷自有夫。"

"东方千余骑，夫婿居上头。

何用识夫婿？白马从骊驹；

青丝系马尾，黄金络马头；

腰中鹿卢剑，可值千万余。

十五府小吏，二十朝大夫，

三十侍中郎，四十专城居。

为人洁白皙，鬑鬑颇有须；

盈盈公府步，冉冉府中趋。

坐中数千人，皆言夫婿殊。"

# 盖宽饶自刎明志

◎烈士之爱国也如家。——葛洪

> 　　盖宽饶（？—前60），字次公。魏郡人。约生于当西汉武昭宣时期，为汉宣帝太中大夫，奉使称意，擢为司隶校尉。司隶校尉，武帝特置，专门负责对京城的监察。上至皇后太子，下至公卿百官，可以一起监督，故称"虎臣"。盖宽饶刚直奉公，正色立朝，公卿贵戚惧恨，因上书言事，宣帝信谗不纳，神爵二年辛酉（公元前60年）九月，他引佩刀自杀，众莫不怜之。

　　《诗经》中将品德优美、正直之任者誉为"国之司直"。西汉宣帝时，朝中就有这样一个正色立朝的司隶校尉，甚至不惜自刎明志。班固盛赞他是"虽《诗》所谓'国之司直'无以加也"。他就是盖宽饶。

　　盖宽饶初入仕途，即以不畏权贵、敢于纠弹而崭露头角。在他以谏大夫代行郎中户将事，担任主管宫殿门户禁卫的重任时，就参奏卫将军张安世的儿子侍中阳都侯彭祖过殿门不下车，违反了《宫卫令》。同时，年轻气盛的盖宽饶还公然弹劾权重位高的卫将军张安世尸位素餐、居位无补。但彭祖当时确实曾下车，盖宽饶因刺举参奏大臣情况不属实被贬为卫司马。虽然出师不利，但朝野上下对这位不畏权贵的年轻人都刮目相看。

　　卫司马实际上就是卫士令，掌管一些轮番宿卫的卫卒。在盖宽饶就任前，卫司马常因官卑势微而遭卫尉卿属官的凌辱，不仅参见卫尉卿要行跪拜大礼，而且还经常被卫官差使干杂活、买东西。盖宽饶到任视事后，一扫这些陈规陋习，按照朝廷规章办事，以平等礼节对待那些役使卫卒的卫尉属官，不再卑躬屈膝。一次，卫尉卿又按惯例私自支使他出外购物，盖宽饶不仅不予理会，而且以法令中规定不给使杂役为由，径直到尚书府门递上辞呈，以示抗议。此事惊动了尚书台长官，遣使责问卫尉卿，"由是尉官不复私使候、司马"。

由于盖宽饶与卫卒同甘共苦，深孚众望，汉宣帝十分嘉赏，提拔他为太中大夫，作为皇帝钦命特使，巡行四方整饬风俗，"多所称举贬黜，奉使称意"。又被提升为司隶校尉。

感激知遇之恩的盖宽饶在任司隶校尉时，"刺举无所回避"，无论被劾事件大小，都毫无例外地向上举奏，数目极为庞大。天长日久，受理司隶校尉弹劾案进行审查处理的廷尉都总结出"半用半不用"的规律了，那些失于琐碎的弹劾案都被弃置一旁。但正是由于盖宽饶无所畏惧、恪尽职守的弹劾，使得"公卿贵戚及郡国吏缘使至长安，皆恐惧莫敢犯禁，京师为清"。

皇太子的外祖父平恩侯许伯建了一座新府邸，乔迁时，丞相、御史大夫、将军等满朝文武都到许宅向国丈贺喜，唯独盖宽饶不去，经许伯多次敦请才答允前往。来到许宅后，盖宽饶从西面的台阶步履沉缓地拾级而上，没有与主人寒暄，就不遑礼让地独自面向东而坐，始终保持着司隶校尉的尊严。他的如此举止，犹如冷风刮过般，在场的所有人都不自觉地收敛起来，感到一种无形的压力在弥漫。为了打破这种沉寂的气氛，主人公许伯急忙起身，亲自为盖宽饶斟酒，并开玩笑地说：盖君来晚了！盖宽饶一点也没有受宠若惊之感，只是淡淡地说：不要为我多斟酒，否则我酒后就要口吐狂言了。在一旁的丞相魏侯话中有话地笑着打趣道：次公清醒的时候就十分狂傲，岂有借酒壮胆的道理？魏侯的本意是劝盖宽饶多喝些酒而已，但一语既出，却令在座的公卿大臣们想起盖司隶平时正色立朝的威严，顿时都悚然震憾，纷纷俯首低眉，避开盖宽饶那冷厉的目光。

随着酒筵渐入高潮，众人酒酣耳热，渐渐都有些放浪形骸，似乎忘记了盖宽饶的存在，主人也兴高采烈地命奏乐助兴。来宾中有位长信侯少府檀少卿喝到高兴处，不禁忘乎所以地伴随着乐曲跳起模仿沐猴与狗戏斗的滑稽舞。

他的表演逗得满座哄堂大笑，但盖宽饶却没有被这升平喜乐的气氛感染，而是触景生情地想了许多，或是汉室基业下隐藏的危机，或是其他……但这一切我们都不得而知，只知道他在众人都笑得前仰后合之时，独自怫然不悦，仰视屋顶慨叹道：美哉！然而富贵无常，忽则易人，就如同行旅所居的客舍，客人随宿即过，经历的人是太多了！只有谨小慎微才能长久，君侯难道可以不引此为戒吗？语罢，盖宽饶当即起身退席，随后就劾奏长信侯少府檀少卿"以列卿而沐猴舞，失礼不敬"。如此亏礼废节的举动的确有伤国体，宣帝闻奏后也勃然大怒，欲立即降罪少府。只是因为国丈许伯的多方解释、谢罪，宣帝才勉强赦免了他。

虽然盖宽饶一心奉公，忠诚体国，"居不求安，食不求饱，进有忧国之心，退有死节之义"。但由于他秉性刚直不阿，"职在司察，直道而行"，一心执法，极微小的过失也不放过，一些别有用心的人恶意中伤他"深刻喜陷害人"。也正因为如此，在位及贵戚人与为怨，在朝臣中处于"多仇少与"的孤立境地。但盖宽饶不仅不以为意，而且"又好言刺讥，奸犯上意"，使得宣帝也对他心怀不满。盖宽饶终因上书陈奏国事忤违了帝旨，被有司诋斥为"大逆不道"。宣帝拒纳谏大夫郑昌的劝谏，执意将盖宽饶下狱治罪，性情刚烈的盖宽饶不甘受辱，在北阙下引佩刀自刎。

## ◎故事感悟

在盖宽饶未蒙难时，太子右庶子王生曾写信劝他"夫君子直而不挺，曲而不讪"，希望他能明哲保身。但盖宽饶的本色却恰恰是与之相背离的"刚直高节、志在奉公"，毫无妥协余地。他的死，为人们留下的不只是哀痛，也使得相当一些人就此对汉家王朝寒心彻骨。古人云："山有猛兽，藜藿为之不采；国有忠臣，奸邪为之不起。"这似乎应该是不刊之论，但恰恰是盖宽饶这样的"忠臣"，却落了个含冤自刎的下场，我们不能不对封建社会的实质多问几个为什么，对封建社会的政体打上一个大大的问号！

◎史海撷英

## 汉宣帝降服匈奴

在对外关系上，汉宣帝刘询于本始二年（公元前72年）曾联合乌孙大击匈奴，后趁匈奴内部分裂之机，与呼韩邪单于建立友好关系，使边境逐步宁息。神爵元年（公元前61年）击败西羌，后任将军赵充国实行屯田，加强边防，使羌人归顺。神爵二年（公元前60年），在乌垒城（今新疆轮台东北）设立西域都护府，监护西域诸国城郭，使天山南北这一广袤地区正式归属于西汉中央政权，具有划时代的重大意义。

自马邑之谋（公元前133年）吹响反击匈奴的第一声号角，大汉历经袭破龙城、河南、高阙、定襄、河西等系列会战，终至漠北大对决（公元前119年）一洗大汉81年心灵创伤，从此奠定汉强匈弱的大格局。

但匈奴并未臣服，相反，十几年的恢复后，声势复振，与汉争斗竟败少胜多，汉武后期有赵破奴2万骑受降城之没、李广利3万骑天山被围牺牲六七、李陵5000步兵浚稽山败没，甚至最后李广利7万铁骑燕然山全军覆没，损失何等惨重！不过匈奴惨胜犹败，内部又有不和，双方实力对比也未转换。

昭帝（霍光辅政）时，汉匈大战不多。元凤元年（公元前80年），匈奴骑兵2万入寇，汉兵败之，俘9000敌。三年（公元前78年），范明友出击，匈奴闻风远荡。匈奴见汉强，东又受新兴乌桓袭击，乃向西方发展，联络车师侵略与汉协同之乌孙，结果又引来一次更大的打击。

汉宣帝即位第二年（本始二年，公元前72年），大汉发兵铁骑16万余，分五路攻打匈奴，这不仅是武帝更是两汉400年最大规模的一次对外骑兵出征，足见当时大汉军威何其鼎盛。同时，派遣校尉常惠前往乌孙，节制乌孙骑兵5万余，与汉军东西并进，形成一个巨大的钳形攻势，夹击匈奴。

匈奴畏惧汉军，惊慌西逃恰遇乌孙兵，一场激战大败而归，常惠因此封为长罗侯。第二年冬（公元前71年），匈奴羞愤，再袭乌孙，遇大雪，生还者不及十分之一，再加乌孙、乌桓与丁令的乘势攻击，国人亡十分之三，畜亡十分之五，国力大为削弱。不久，汉军3000骑击匈，都能捕得几千匈人而还，匈奴亦不敢报复，而且更向往与汉和而不是战了。这次胜利是武帝以来坚决执行联乌击匈政策结出的硕果。

汉宣帝神爵二年（公元前60年），统治西域的日逐王先贤掸与新任单于握衍朐鞮素有矛盾，关系不睦，于是带着数万人投降大汉。宣帝特派郑吉，发渠犁、龟兹诸国兵5万前往迎降，一直护送至京师长安，路上有逃亡者，即斩杀。日逐王后被封为归德侯。自此掀开了汉匈史新的一页。

汉宣帝甘露三年，也就是公元前51年，纵横万里的游牧风暴——匈奴帝国，全盛时控弦之士30余万，与汉缠斗140余年，终于低下高昂之头，呼韩邪单于亲往帝都长安，俯首称臣做北藩。

## ◎文苑拾萃

### 角 抵

角抵是中国古代的一种竞技类活动形式。秦始皇统一中国后，禁止民间私藏兵器，作为徒手相搏斗的角抵兴盛起来。汉代，民间出现了一种由"蚩尤戏"发展而成的两个人在公开场合表演的竞技活动，已经具有后来摔跤的基本特色，并有着特定的文化内涵。20世纪70年代，山东省临沂金雀山汉墓出土汉代帛画，画面上所出现的两个角抵者皆手臂大张，怒目逼视，作跃跃欲扑之状。画面左侧有一旁观者，拱袖而肃立，当为角抵者的裁判。晋代角抵出现了另一名称"相扑"。到了唐代，相扑、角抵二名称并行，其特点还是赛力性的竞技，且多在军中进行，后传入日本。

# 鲍永据法弹帝叔

◎人臣之职，当奋不顾身。——元·欧阳玄

鲍永（？—42），字君长。上党屯留（今山西长治市屯留县）人。他活动于西汉末年与东汉初年，曾为绿林军的重要将领。刘秀即皇帝位后，他又成为东汉初期敢于抗击强梁的地方官。

"贵戚且宜敛手，以避二鲍"，这带有几分无奈，更透出几分愉悦欣赏的话，是汉光武帝刘秀常对权戚们说的一句话。这个令皇帝都为之震怵的二鲍，就是"抗直不避强御"的司隶校尉鲍永和他的助手鲍恢。

鲍永是汉哀帝司隶校尉鲍宣之子，生逢动荡之时，立身持正，文韬武略皆冠绝一时。建武十一年（后35年），鲍永被征辟为监督京师和地方的监察官司隶校尉。这是位尊权重的雄要之职。晋代的傅咸形容汉代此官的雄要时，不无仰慕地说："司隶校尉旧号卧虎，诚以举纲而万目理，提领而众毛顺。"因此，司隶校尉是否称职，关系到整个朝廷纲纪的好坏。尤其是光武帝统治时期，虽号称"中兴"，但是，东汉政权是建立在世家豪族的基础上的，刘秀治理天下奉行的是以扶植和保护世家豪族利益的宽容放任的"柔道"。因此，贵戚权贵多横行不法。在此背景下，出任司隶校尉的鲍永不仅要敢于纠举权戚，更要冒着与皇帝以柔理天下的意旨相悖违的危险，真是步履维艰！

就在鲍永出任司隶校尉的这年六月，率军去平定割据蜀地公孙述的中郎将来歙在节节胜利时竟遇刺身亡。他的灵柩送回京师洛阳时，光武帝乘舆缟素，亲自出城临吊，皇帝的叔父赵王良也随同前往，事毕返回洛阳城时出了一点儿麻烦。原来，皇帝的车驾驶过洛阳城的夏城门后，赵王良的车子也随后驶到城门，恰巧迎面而来中郎将张邯的车子已经驶入城门之中。骄横的赵王良不但不避让，反而立刻催促加快车速，要抢道冲过去。但"道迫狭"，容不得两车相错并行，两车正好都挤卡在城门中。这赵王良虽只是藩王，但他的权威却远非一般藩王可比。他与皇帝的关系可不是一般的叔侄关系。光武帝刘秀幼小丧父，"光武兄弟少孤，良抚循甚笃"，是依叔长大的。为了汉室江山，"良妻及二子皆被害"。因此，赵王良实似上皇，素来"尊戚贵重"，跋扈惯了。在此关头，他岂肯委屈退让？因此立即大声叱喝张邯掉转车头，退出去。又蛮横无理地厉声诘责负责夏城门的门侯岑尊怎敢听任张邯的车子先驶入城门中。跋扈的赵王良根本不将门侯这600石的官放在眼里，为泄怒气，竟当场折辱堂堂朝廷命官，不仅令他当即跪在大道上叩头谢罪，而且令他在车驾前牵着马带路，使前走数十步，直到将赵王良的车驾引出城门方罢休。

如此目无国法的行径真是太令人憎恶了，身负京畿督察重任的鲍永义愤填膺。心中那强烈的、掺杂着憎恶感的愤怒，如同骨鲠在喉，一吐为快。因此，鲍永根本未考虑种种利害得失，立即上章弹劾赵王良。在列举夏城门事件始末后，他措辞极端严厉地指斥道："案良诸侯藩臣，蒙恩入侍，宜知尊帝城门侯吏六百石，而肆意加怒，令叩头都道，奔走马头前。无藩臣之礼，大不敬。""大不敬"这个罪名在封建社会里是杀头的大罪，虽然汉代尚无赦不原的"十恶"罪名，但"大不敬"的罪名却在后来的《唐律》中堂而皇之地榜上有名，可见此罪名之深重。与"亏礼废节"的"不敬"岂止天壤之别，别小瞧两者间只差一个"大"字，在量刑定罪上有极大差别。"大不敬"依律是当斩的。

因《后汉书》关于鲍永此次弹奏的记载语焉不详，光武帝是否处置赵王良就不得而知。但赵王良既未处斩，也未降官。据其本传，他自建武五年改封赵王，直至十三年未遭贬黜。相反，却是鲍永弹劾他的两年后不知何因被降为赵公，想必光武帝闻奏后只是训斥了赵王良，做了点表面文章而已。鲍永冒着风险弹劾并未使赵王良遭到实质性的损害，但光武帝自此渐疏远赵王

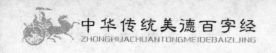
良也在情理之中了。鲍永此次竟敢据法纠弹帝叔赵王良，虽未奏效，但"由是朝廷肃然，莫不戒慎"。

鲍永还邀请了扶风人鲍恢出任都官从事，恢亦抗直不避强御。为此，光武帝常说："贵戚且宜敛手，以避二鲍"，"其见惮如此"。可见当时二鲍整饬朝纲，纠正非违风头之劲。

但是，在中国封建社会专制主义制度下，集立法权、司法权与行政权于皇帝一身，皇帝居于法律之上。如果执法大臣固执己意，违忤圣旨，虽法规赫然在目，亦必遭贬黜。鲍永虽任职六年，最终也没脱逃这无情的定律。建武十五年（39年），刚正直言、屡犯帝讳的大司徒韩歆终因光武帝不能含容被免归田里。而且，"帝不释，复遣使宣诏责之"，鲍永恳请不要如此也无济于事，歆及子婴竟因此自杀。"歆素有重名，死非其罪，众多不伏，帝乃追赐钱谷，以成礼葬之"，但这只是光武帝顾念众怒而做的表面文章，内心深处仍是不能释然。虽追葬了韩歆，却将当初执意劝阻他遣使切责韩歆而忤帝意的鲍永贬为东海相。三年后，鲍永就病死在地方官任上，没能生还京师。

## ◎故事感悟

范晔在《鲍永传》末的赞语中曾发出这样的慨叹："岂苟进之悦，易以情纳；持正之忤，难以理求乎？"实际上，这颇似疑问的话却道出了封建帝王内心的真谛。试想，能够俯从刚直逆耳之言，摒弃谄媚曲附之徒的封建帝王能有几人呢？鲍永仕逢号称"光武中兴"之时，尚且如此，我们只能为那些为法律正义尊严的封建社会执法者的命运长叹一声！但从另外的角度来讲，不正是这一辈辈刚正执法大臣的牺牲才维系了专制淫威下法律的一点公正吗？能以身殉志，不也正是他们的伟大之处吗？

## ◎史海撷英

### 赤眉军灭更始政权

赤眉军于天凤五年（18年）在莒（今山东莒县）起事，首领为琅玡人樊崇，以泰山山区一带为根据地，与政府军对抗。几年之间发展到数万人，其中主要由农民组成，大多不识字，因此以口头传令为主。组织包括地位最高的三老，其次有从事、卒史等名称，大多沿用汉朝乡官的名称。

随着赤眉军的发展，地皇三年（22年），王莽派出王匡、廉丹率约10万军队进攻赤眉军，惨遭挫败。赤眉军发展到10万人以上，势力扩及青州、徐州、兖州、豫州各地。二十三年，更始皇帝刘玄已即位并攻入长安，赤眉军先是愿意降于更始，但双方随即再度开战。二十五年，赤眉军兵分两路，由樊崇和徐宣分别率领，进攻关中，并拥立汉宗室刘盆子为帝，徐宣任丞相，樊崇因为识字任御史大夫。同时更始军内部产生纷争，将领王匡投奔赤眉军，随即赤眉军攻入长安，杀死刘玄。

◎文苑拾萃

## 东观汉记

《东观汉记》是记载东汉光武帝至灵帝一段历史的纪传体史书。因官府于东观设馆修史而得名。它经过几代人的修撰才最后成书。汉明帝刘庄命班固、陈宗、尹敏、孟异等共撰《世祖本纪》。班固等人又撰功臣、平林、新市、公孙述事迹，作列传、载记28篇奏上。这是该书的草创时期，著书处所在兰台和仁寿阁。安帝时，刘珍、李尤、刘騊駼等奉命续撰纪、表、名臣、节士、儒林、外戚等传，起自光武帝建武年间，终于安帝永初时期，书始名《汉记》，写作地点从此迁至南宫东观。此后伏无忌、黄景等又承命撰诸王、王子、功臣、恩泽侯表和南单于、西羌传，以及地理志。桓帝时，又命边韶、崔寔、朱穆、曹寿撰孝穆、孝崇二皇传和顺烈皇后传，外戚传中增入安思等皇后，儒林传增入崔篆诸人。崔寔又与延笃作百官表和顺帝功臣孙程、郭镇及郑众、蔡伦等传。至此，共撰成114篇，始具规模。灵帝时，马日磾、蔡邕、杨彪、卢植、韩说等又补作纪、志、传数十篇，下限延伸到灵帝。

# 虞诩宁死弹奸佞

◎亦余心之所善兮，虽九死其犹未悔。——屈原

虞诩（生卒年不详），字升卿，别字安定。陈国武平（今河南鹿邑县西北）人。

东汉中期，有一位刚正无私的执法大臣，弹劾不避权贵，从不为之回护。虽然因多次冒犯权贵而仕途坎坷，曾九次被贬官，三次遭刑罚，但"刚正之性，终老不屈"。这位令人肃然起敬的人就是虞诩。

顺帝永建元年（126年），虞诩代替陈禅出任司隶校尉。到任数月之内，他追论前尚书令陈忠的罪过，上书弹劾太傅冯石、太尉刘熹阿谀权贵、结党营私，免除了他们的官职。虽然这些人称得上位高权重，但此时朝廷症结所在是宦官权势的膨胀，这些人依恃拥立顺帝之功，"举动回山海，呼吸变霜露，阿旨曲求，则光宠三族，直情忤意，则参夷五宗"，气焰熏天。为了整饬朝纲，虞诩不顾个人安危，又弹劾中常侍程璜、陈秉、孟生、李闰等。如此举动，如同一块巨石投入一潭死水，激起轩然大波。在朝百官都对他侧目而视，攻击他为政苛刻，尤其是位尊权重的三公——司徒朱伥、司空陶敦、太尉朱宠联合上书汉顺帝，弹劾虞诩盛夏季节拘捕无辜，有干天和，实为官吏和百姓的祸患。虞诩上书自辩说：法律和禁令是世俗的堤防，刑罚是民众的衔辔。现今州牧说听任郡守，郡守说听任县司，互相推诿，不敢负责。而百姓有怨恨，却诉苦无门。大家都以苟且取容为贤能，认为竭尽臣节、尽忠守职是愚蠢，这种不良的政风亟须整顿。我查办的都是贪赃枉法的案犯，内容千奇百怪、

无所不有，也牵涉了朝中众多官员。三公唯恐被我检举揭发，竟然抢先下手，对我诬陷排挤。为了表示自己的愤慨和义无反顾的决心，虞诩在奏章中表示，要效仿春秋时卫国直臣史渔，准备以尸谏君。顺帝审览了他的奏章后，认为他说的十分有理，不仅没有加罪于他，而且将排挤他最卖力的司空陶敦免职。

　　中常侍张防不仅与顺帝关系密切，而且还获得了顺帝的乳母宋娥的特殊宠爱。凭借这个靠山，张防肆意卖弄权势，接受贿赂请托，干涉司法行政。虽然他每次请托受贿，虞诩都不放过，详细追查、讯问，并屡次奏请皇帝惩办张防。但遗憾的是，这些弹章、奏表都如石沉大海，皇帝根本不予理睬。虞诩认为堂堂司隶校尉竟不能除掉一个宦官，实在有失法官的尊严。为了表示抗议，他毅然将自己投到廷尉监狱中，以待罪之身再次向顺帝上书弹劾张防。在弹章中，虞诩不仅极词指斥了他擅弄权柄的种种恶状，并且表示自己不愿与这样祸败国家的奸邪小人同朝为官，因此自己系狱奏闻，想以此使顺帝幡然醒悟。张防在皇帝面前哭诉冤枉，指控虞诩诬陷自己，而昏庸的顺帝居然听信谗言，将虞诩免官，押到将作大匠属下的左校服苦役。对虞诩恨之入骨的张防一心要把他置于死地，两天之内将虞诩传送四所监狱，轮番苦刑拷打，那种惨状连狱吏都看不下去了。有的就好心地劝说虞诩自杀，以免再受这种非人的折磨，但虞诩坚决不肯。他认为自杀是畏罪的表现，自己襟怀坦荡，何罪之有？而一旦意志薄弱，"喑呜自杀，是非孰辨！"宁肯在刑场上被处死，那样的话，还能警醒世人！这是何等的气魄！

　　后来，宦官浮阳侯孙程、祝阿侯张贤在顺帝面前为虞诩说情，认为虞诩忠正刚直，反而被捕；中常侍张防"赃罪明正，反构忠良"，实在是黑白颠倒、是非不分，请求处置张防，事情才开始有所转机。又经过了一番周折，顺帝终于下令将张防贬逐到边疆，释放了虞诩，正义得到了伸张。在孙程等人的力荐下，虞诩被提升为议郎，没几天就升任尚书仆射。

　　有一次，宁阳县（今山东宁阳县南）的一个主簿来到京师，诉说宁阳县令的冤屈，但积压了六七年，有关部门仍不予理睬。气愤至极的主簿直接给皇帝上书，说：臣是陛下的臣子，陛下是臣的慈亲。我先后上了一百多次奏章，竟然至今都毫无音讯，难道中国的官司还要我到匈奴去打吗？顺帝见书后大怒，而有关的尚书迎合皇意旨意，立即弹劾这位主簿大逆不道，应处以死刑。但虞诩坚决反对。他认为：主簿所诉是君父的冤情，上奏百次而到不了陛下跟前，这是有关部门的过失，不能因一时激愤之言，就杀了主簿。顺帝最终采纳了虞诩的建议，只将那位主簿打了一顿板子了事。到了永和元年（136年），虞诩升任尚书令。

## ◎故事感悟

　　在虞诩宦海浮沉的几十年中，为了维护法律的尊严，他不惧忤犯龙颜，不怕得罪权贵，虽几经贬黜、受刑而始终痴心不改，挽救了无数无辜之人。
　　我们敬慕虞诩这样刚强不屈、忠诚为国、严于律己的执法者！

## ◎史海撷英

### 虞诩初出茅庐

　　汉安帝永初四年（110年），羌人起兵，攻掠并凉，大将军邓骘认为军费太多，无法兼顾，想丢弃凉州，集中力量保守北边，于是便召集公卿商议。邓骘说："譬若衣败，坏一以相补，犹有所完。若不如此，将两无所保。"与会的人也同意他的看法。

　　虞诩闻后，对李脩说："窃闻公卿定策当弃凉州，求之愚心，未见其便。先帝开拓土字，勤劳后定，而今惮小费，举而弃之。凉州既弃，即以三辅为塞；三辅为塞，则园陵单外。此不可之甚者也。谚曰：'关西出将，关东出相。'观其习兵壮勇，实过余州。今羌胡所以不敢入据三辅，为心腹之害者，以凉州在后故也。其土人所以推锋执锐，无反顾之心者，为臣属于汉故也。若弃其境域，徙其人庶，安土重迁，必生异志。如使豪雄相聚，席卷而东，虽贲、育为卒，太公为将，犹恐不足当御。议者喻以补衣犹有所完，诩恐其疽食侵淫而无限极，弃之非计。"

　　李脩认为他言之有理，说："吾意不及此。微子之言，几败国事。然则计当安出？"

虞诩说："今凉土扰动，人情不安，窃忧卒然有非常之变。诚宜令四府九卿，各辟彼州数人，其牧守令长子弟皆除为冗官，外以劝厉，荅其功勤，内以拘致，防其邪计。"

李脩依议，召集四府会商后，布置安排，任命西州豪强为掾吏，任命长吏子弟为郎，以示安抚。

## ◎文苑拾萃

### 后汉纪

《后汉纪》是编年体的东汉史。记事溯自新莽元凤四年（17年）绿林起义，止于汉献帝延康元年（220年）曹魏代汉。全书30卷，21万余字。《后汉纪》的作者袁宏（328—376），字彦伯，东晋阳夏（今河南太康）人。他幼年丧父，家中生活比较清苦。在艰苦的环境下，他刻苦力学，终有所成，少年时代就以文思敏捷、文章华美而闻名于世。他曾做过桓温等人的幕僚，后来任东阳郡太守，49岁时死于任所。袁宏也是著名的文学家，他一生著述宏富，所著《后汉纪》、《三国名臣赞》现仍存世，《东征赋》、《咏史诗》、《竹林名士传》等都已失传。

《后汉纪》的撰写，经历了近10年的时间。袁宏所以采取编年体裁记录东汉史事，是受了荀悦《汉纪》编写成功的影响。《后汉纪》继《汉纪》而作，但袁宏面临的写作条件却比荀悦困难一些。当年荀悦撰写《汉纪》的时候，只有《汉书》这一部已确立了权威地位的纪传体西汉史，他运用较高的史学识见和编撰技术，对《汉书》加以剪裁，就写成了卓有成就的新著作。袁宏著《后汉纪》的前后，关于东汉史的著作有好多种，它们各有短长，袁宏所依据的资料要比荀悦繁富，遇到的困难和付出的功力更比荀悦多一些。另外，在同类著作上，他有不少竞争对手，他必须在水平上超过他们，才能让自己的著作站住脚。经过历史的选择，现在关于东汉史的著作，只有范晔所著《后汉书》和袁宏所著编年体《后汉纪》保存下来，说明这两部书确有过人之处。

# 咸龄不愿"执民以媚夷"

◎君子谋道不谋富。——柳宗元

> 咸龄（生卒年不详），满洲人。1842年曾以四等侍卫随钦差大臣耆英与英国签订《南京条约》。1843年10月任候补道，在江苏参与外交，排名在宫慕久之上。1847年3月后任上海道台。同年12月，批准将"出租地契"发给英商宝顺洋行经理颠地·兰士禄，该地契系上海第一号租地道契。次年3月，"青浦教案"发生后，在英国驻沪领事阿礼国的压力下，派员赴青浦协助"缉凶"。1848年4月，两江总督李星沅以处理此事"原欠紧速"为由，将其撤职。后又任浙江宁绍台道、江苏常镇道。

鸦片战争后，不平等条约的签订迫使清王朝解除教禁，西方传教士加紧对中国内地的渗透，教案纠纷屡屡发生。清政府官员处理这些教案冲突时，其心态是形形色色的。其中有位特立独行的地方官敢于抗拒外来压力，坚持秉法办案。他就是青浦教案中的上海苏松太道员咸龄。

道光二十八年（1848年）三月八日，英国传教士麦都思、洛魏林、慕维廉违反上海设立租界时议定"外人行走之地，以一日往还，不得在外过夜"的规定，非法进入离上海九十里的江苏青浦县传教。他们还在城隍庙一带散发宣道小册子，引起了大批乡民和漕粮船水手争相索取。在混乱中，洛魏林竟举起手中的拐杖在几个水手头上乱击，"把最前排一人的脸给擦伤了"，激起众愤。水手们还击，"投更多的石子"，致使这三个传教士"受有轻伤"。这就是青浦事件的真相。

事情发生后，英国驻上海第二任领事阿礼国不仅不承认传教士的越境错误和打人罪行，反而乘机小题大做，有意歪曲事实扩大事态。英人密契所撰的《阿礼国传》中写道："阿礼国先生不失时机地同中国当局要求给予完满的赔偿"，就是最好的自白书。

三月九日，即青浦事件发生的翌日，阿礼国向上海苏松太道台咸龄提出惩办凶手以及赔偿损失等无理要求。咸龄当即驳斥道：相互斗殴本是细微小事，不值得深诘。既显示了不追究对方过恶的大度，又隐含不示弱于对方的冷傲。但骄横的阿礼国竟当场"语侵观察，适持长枋折叠扇在手，乃以扇拍观察之首而击之"，对咸龄横加殴辱，真是无理狂妄到了极点。在英国领事咄咄逼人的压力之下，刚直的咸龄毫不屈服，他曾对上海道台吴健彰说："执民以媚夷，吾不为也。"既道出了咸龄的心声和处置此案的基本态度，也反映了他不曲颜媚外的铮铮傲骨。

十日，咸龄致函阿礼国，指出三位传教士到青浦去，这本身就是违反定章，并写信慰问麦都思。但这种宽宏大度的举动反而遭到阿礼国的无理指斥。十一日，阿礼国致函咸龄，抗议他直接给麦都思写慰问信，蛮横地说咸龄此举"不但违反惯例，而且对他本人是一种侮辱"，简直是小题大做，更有无理取闹之嫌。

十二日，阿礼国要求"迅速拿犯"严惩。咸龄对其无理要求置之不理，根本没有答复。恼羞成怒的阿礼国见咸龄不吃他那一套，就越过咸龄，直接对清政府使用讹诈的手段迫使清廷就范。首先，他命令全部进出口英船停止交税。其次，用兵舰封锁港口，进行武力威胁。最后在十九日，派副领事罗伯逊乘英兵舰"爱司比格"号前往南京，递交照会，直接向地方最高官吏两京总督李星沅进行恫吓，施加压力。其时驻上海的法国和美国领事致函阿礼国，表示完全赞同并支持他的行动。在侵略者的威逼下，李星沅屈服，开始缉拿凶手。传教士麦都思在江苏皋司倪良耀陪同下，到县署认定王明副、倪万年为"首犯"，并抓捕8名水手，又赔偿三位传教士所谓"失物单"300两银子。按照阿礼国的要求，10名中国水手照白昼抢夺等律定拟，帮办县令均应科办。李星沅指令皋司倪良耀、藩司傅绳勋及道台吴健彰完全按照阿礼国要求去办，并且亲赴英舰和传教士寓所"拜访道歉"。不久，咸龄被革职，交

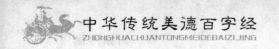
刑部议罪。水手另定罪名。

一方面是阿礼国洋洋得意地自诩、夸耀自己手段的高明，另一方面敢与之抗争、不屈膝妥协的咸龄却被革职拿办。如此鲜明的反差，使我们可以清楚地看到清廷的腐朽。

青浦事件的处理暴露了清政府腐败懦弱、科学知识的缺乏和军事力量的落后。阿礼国在进行这场讹诈时，是做贼心虚的。《江南传教史》作者写道："这是一件大胆的事情，但是这个计划的成功就是靠了这次大胆。"在香港英国驻华商务监督德庇时给阿礼国的指示说："恭喜你的成功，但只此一遭，不能再干。"

面对着仅有两艘很小军舰的阿礼国的讹诈，身为地方大员、封疆大吏的李星沅竟然无能为力，反而使主持公正的咸龄遭革职拿办，也首开了清廷在教案交涉中屈服于列强的先例。

◎故事感悟

咸龄在对青浦事件上拒不"执民以媚夷"，显示了其为人做官刚强不屈的铮铮铁骨，咸龄的刚强不屈与软弱无能的清廷形成了鲜明对比。

◎史海撷英

### 鸦片输入与禁烟

工业革命后，英国资产阶级竭力向中国推销工业产品，企图用商品贸易打开中国的大门。直到19世纪二三十年代，中国对英贸易每年仍保持出超二三百万两白银的地位。为了改变这种不利的贸易局面，英国资产阶级采取外交途径强力交涉，未能达到目的，就采取了卑劣的手段，靠"毁灭人种"的方法，向中国大量走私特殊商品——鸦片，以满足他们追逐利润的无限欲望。

鸦片贸易给英国资产阶级、英印政府、东印度公司和鸦片贩子带来了惊人的暴利，打破了中国对外贸易的长期优势，使中国由200多年来的出超国变成入超国。

"鸦烟流毒，为中国三千年未有之祸"。鸦片大量输入，使中国每年白银外流达600万两，中国国内发生严重银荒，造成银贵钱贱，财政枯竭，国库空虚。

鸦片输入严重败坏了社会风尚，摧残了人民的身心健康。烟毒泛滥不仅给中国人在精神上、肉体上带来损害，同时也破坏了社会生产力，造成东南沿海地区的工商业萧条和衰落。

鸦片贸易给中国社会带来的严重危害，引起了清政府和广大人民的重视。清政府从自身利益出发，1821—1834年颁布禁令八次；统治阶级中一部分人目睹社会危机，要求改革弊政，在中国严禁鸦片。1838年12月，道光皇帝命林则徐为钦差大臣，前往广东禁烟。

## ◎文苑拾萃

### 传教士

传教士基本指的是坚定地信仰宗教，并且远行向不信仰宗教的人们传播宗教的修道者。虽然有些宗教很少到处传播自己的信仰，但大部分宗教使用传教士来扩散它的影响。任何宗教都可能送出传教士，一般传教士这个词是指基督教的宣教师。实际上佛教是最早大规模传教的宗教，沿着丝绸之路送出它的信仰。

# 蓝鼎元三抗按察使

◎义之所在，身随死，无憾悔。——《战国策·秦策》

蓝鼎元（？—1729），字玉霖，号鹿洲。福建省漳浦县人。"性伉直"，秉公无私。清雍正五年（1727年），在大学士朱轼的推荐下，廷对称旨，授广东普宁县知县，后兼理潮阳县。

　　蓝鼎元在潮阳县时受理了一件伤人致死案，死者邱阿双右额角上有木棍击打留下的伤痕，两手大拇指有被绳索勒捆的伤痕，头上四周有被竹篾箍紧的勒痕，左右额角又有木楔子紧压后的伤痕，脑后、脸颊、腋肢、下体都有烈火炙烤的烫痕，身上也被打得一条一条的，好像是用藤条乱打留下的伤痕，手段之残暴酷虐令人不忍目睹。义愤填膺的蓝鼎元当即提审当事人海阳县县吏李振川、佃夫林阿雄、吴阿尾等三人。李振川供称：他从省里归来，在蔡潭雇了佃夫邱阿双代扛行李。在云落店过夜时丢失了四两银子，怀疑是邱阿双窃的。为逼迫邱阿双拿出赃银，曾用床上拆下的木棒打伤了他的额角。但邱阿双身上那些捆打箍烧的伤痕却是云落关卡的蔡管队和他的四个士兵干的，与他无关。吴阿尾、林阿雄也都在旁随声附和、证成此说，并提出云落店主人徐阿丙可供查问。

　　蓝鼎元认为，造成邱阿双诸般伤残的奇特刑具只有捕盗的士兵才有，因此李振川所言不无道理。就按照惯例录下他们的供词，填写尸格通报，一面传文到云落关卡，提蔡高及店家徐阿丙到案。审问中蔡高大呼冤枉，但吴阿尾、林阿雄仍附和李振川的证词。于是蓝鼎元移文惠来兵营，将蔡高革职，以便用刑审讯；同时又移文调取放纵士兵肆意为虐的官员名单，附列在公文中加以弹劾。为了慎重起见，蓝鼎元又提审了李振川提出的另一证人——徐阿丙。出乎意料的是，徐阿丙供称此事全系李振川和他的侄子私刑逼供所为，根本与蔡高无关。蓝鼎元怀疑他受旗兵蔡高贿赂，就施以夹棍刑，但徐阿丙仍不改口。

　　面对如此大相径庭的证人口供，蓝鼎元没有先入为主，动用酷刑逼徐阿丙改口，而是让他与林阿雄、吴阿尾当面对质。对质时，徐阿丙破口大骂林阿雄、吴阿尾昧着良心诬陷好人，一定要被雷电击死！林阿雄、吴阿尾却嗫嚅不语，不敢和他争辩。蓝鼎元见此情景，急命用夹棍夹他们，两人不得不承认徐阿丙所言才是真情，邱阿双"实系李振川叔侄打死，与营兵无干涉也"，他们因不愿受官司牵累，听信了李振川才撒谎的。

　　蓝鼎元又提审蔡高，蔡高仍旧抵死不承。再审李振川，防线崩溃的李振川承认邱阿双确死于己手。在蓝鼎元再三追问下，他又供出侄儿李阿显是帮凶。蓝鼎元连夜赶写了关文传送到海阳县，拘捕了李阿显。李阿显对虐杀邱阿双之事供认不讳，和徐阿丙、李振川等人的口供前后完全吻合，至此案情真相大白。蓝鼎元拟定判决书：李振川死刑，李阿显杖刑并流放3000里，蔡高、徐阿丙在场不加劝阻，吴阿尾、林阿雄起初招供不实，各打80大板，押送上级州府审明。清代刑事审判实行"逐级审转复核制"，刑事案件逐级上报。徒刑以上案件在州县初审后，详报上一级复核，每一级都将不属于自己权限的案件上报，层层审转，直至有权做出判决审级批准后才终审。因此，邱阿双被打致死案的审理就县一级而言，似乎应至此就结束，只待层层上报，最后秋审处决罢了。但平地起波澜，蓝鼎元面临着一场更为严峻的考验。

　　众犯转送到省级提刑司，俗称"臬司"的按察使之处时，他依据最初禀报的供词，判定李振川叔侄打死邱阿双的审讯结果与原报不合，命令驳回重审。蓝鼎元接到"臬司"驳文后，又静心审讯，谨慎研究，认为再没有可怀疑的地方，就维持原判禀报上司。这样做大大违背了按察使的原意。当时按察使一定要蔡高承担凶手的罪名，以便调取约束士兵不严的官员名单交付弹劲。而蓝鼎元竟不按驳回的意见翻案，使得他的如意算盘全部落空。因此按察使非常生气，就想把此案易结不结的罪名加到蓝鼎元头上，要革除他的官职。但蓝鼎元却未将个人荣辱放在心上，他在回复按察使的书信中大义凛然地写道：

杀非辜之人命以保一己之功名，此事岂我为之哉！不如削职入深山读书，仍不失故吾也。

但是按察使仍旧不死心，他将蓝鼎元调到省，命令他复审，并且当面明白地告诉他说：你恃才固执己见，目无上司，我原来批文是怎样驳回诘责的，你竟然置若罔闻。此案如果不是营兵充当凶手，怎么能用出这种酷刑？你以前验报是那样，今天审报又是这样，这样办案怎么能移送刑部结案？现在将这件案子再交给你审理，你该谨慎一些了！可是按察使面前是一位"性伉直"的强项令，而不是顺风使舵的墙头草。刚正不阿的蓝鼎元据理反驳道：李振川等心甘情愿地认罪，这是因为有死人和东西作证，人命关天，不抵命不行。这难道是别人所能强迫的吗？蔡高实在是无辜的人，故意让他含屈抵命，不但抵命的人不愿意，恐怕受抵命的死者本人也不愿意。当时记录供词通报，那只是最初的口供；今天审出实情，才拟定这样的判决书。就是刑部驳回重审，也没有什么办法可改变。最后蓝鼎元大义凛然地说道：去官小事，枉杀非辜事大，惟有静听参革而已。

如此强硬的态度气得按察使"怒不可回，跳叫詈骂，欲行揭参"，当即就要向上级弹劾蓝鼎元。左右之人都劝说蓝鼎元脱帽叩响头，向按察使谢罪。蓝鼎元笑着说：脱帽倒没有什么关系，只是头怎么能响？这种本领我还没有学会。按察使听后，又好气又好笑，就说：你暂且再静心审讯，不要固执己见。蓝鼎元也知道多说也无益，就领命回县了。

考虑到限期已近，如果等重审后解送州府，州府审后送臬司，就太慢了，解决不了问题。于是，蓝鼎元带着案卷人犯赶赴本地府衙进行会审。审案时以知府胡公为主，蓝鼎元只是在旁静听，命吏役在旁重新记录犯人的口供，结果仍与原审相同，蓝鼎元更改了问语，补上新的供词，再把原判写入，带给按察使。按察使阅毕大怒，怒声骂道："你只是改了问语，供词和判决仍旧，实在是目无上司，把我的命令看得像狗叫一样！"蓝鼎元轩然答道："下官不敢。问语出自负责审问的官员，可以更改。口供出自犯人，直接关系着人的生死，岂是负责审问的官员所能改变！口供既然不可改变，判语就更难更改了。今日的案情确实没有什么可怀疑的，请宪台亲审明察，如有差错出入，我愿承担全部罪责。"按察使恨恨地说："我自然要亲自审问，如果发现别的情况，则弹劾你的决定就不可更改了。"说罢就拂袖而去。蓝鼎元的同僚都替他担忧，但他却淡淡地说："我自幼贫贱以至今日，一官有无，何足轻重。杀人以媚人，此官尚可为哉？"

过了几天，按察使亲自审问，怀疑李振川等人受人贿赂及托付，要给他们一一上刑。李振川说：我在县府任职几十年，难道不知道"杀人者死"这道理！纵然有千金的贿赂而无福享受，得此千金又有什么用？我因为舍不得四两银子被人偷掉，误杀一人，现在又把罪责推到无辜人身上，这样做是我又杀了一人。此案一点不冤枉，即使夹死也没有别的口供了！李阿显说：我杀人不承认，才应当用夹刑，我既然已经招供清楚，再不敢嫁祸于他人了，为什么又要用夹刑呢？蔡高说：我今天即使死于夹刑，也不敢代人偿命，使邱阿双含冤九泉。徐阿丙、林阿雄、吴阿尾也都说以前所招都是事实，今天夹死也不能改变。按察使苦笑着对书吏说：他们串供的手段如此高明，我想翻案也无从下手，想要用夹刑也无从夹起。书吏说：这是实情，并不是手段高明，暂且把此案和巡抚商量一下好吗？按察使无奈地点头同意了。巡抚认为应该依原判定刑，于是此案就按蓝鼎元所呈报告结案。但李振川、李阿显几天之间都先后死于番禺县监狱，没有等得及刑法的施行。

云落店案使用了非常人所能忍受的刑具，情节令人发指。如果此案使无辜之人抵命，那么屈死之人千年之后也会有余恨的！蓝鼎元以其丢官事小、枉杀无辜事大的信条树立了执法者的风范。但是，这样一位信念笃定的执法者却仕途坎坷，终因忤逆监司而被褫职，前后任县令仅一年有余。有的人劝他做官要学会与上司虚与委蛇以纾解祸患，但蓝鼎元却说："吾尝涉大海，历澎台，出没惊涛间，冒矢石深入穷箐，触恶瘴毒雾，不稍慑。今肯颡首媚监司哉！"充分坦露了一位不为一己私利而趋炎附势的刚正执法者的心迹。

◎故事感悟

蓝鼎元不畏权势，坚持正义，他的行为为执法者树立了典范。

◎史海撷英

### 雍正整顿吏治

雍正皇帝即位之初，吏治废弛，贪污腐败已然成风。他克服各个方面的阻力，在全国上下大规模地开展清查亏空、设立会考府、实行耗羡归公、实行养廉银制度、取缔陋规等多项工作。由于他态度决断，雷厉风行，清朝的财政状况在短时间内得到明显改善，官吏贪污吏治腐败的状况都有很大的转变。旅日华人学者杨启樵说："康熙宽大，乾隆疏阔，要不是雍正的整伤，清朝恐早衰亡。"有"雍正一朝，无官不清"的说法。

◎文苑拾萃

### 《康熙遗诏》节选

从来帝王之治天下，未尝不以敬天法祖为首务。敬天法祖之实在柔远能迩、休养苍生，共四海之利为利、一天下之心为心，保邦于未危、致治于未乱，夙夜孜孜，寤寐不遑，为久远之国计，庶乎近之。今朕年届七旬，在位六十一年，实赖天地宗社之默佑，非朕凉德之所至也。历观史册，自黄帝甲子迄今四千三百五十余年共三百一帝，如朕在位之久者甚少。朕临御至二十年时，不敢逆料至三十年，三十年时不敢逆料至四十年，今已六十一年矣。《尚书·洪范》所载：一曰寿、二曰富、三曰康宁、四曰攸好德、五曰考终命，五福以考终命列于第五者，诚以其难得故也。今朕年已登耆，富有四海，子孙百五十余人，天下安乐，朕之福亦云厚矣，即或有不虞心亦泰然。念自御极以来，虽不敢自谓能移风易俗、家给人足，上拟三代明圣之主，而欲致海宇升平，人民乐业，孜孜汲汲、小心敬慎，夙夜不遑，未尝少懈。数十年来殚心竭力，有如一日，此岂"劳苦"二字所能概括耶？前代帝王或享年不永，史论概以为酒色所致也，皆书生好为讥评，虽纯全净美之君，亦必抉摘瑕疵。朕今为前代帝王剖白言之，盖由天下事繁，不胜劳惫之所致也。诸葛亮云："鞠躬尽瘁，死而后已"，为人臣者惟诸葛亮能如此耳。若帝王仔肩甚重，无可旁诿，岂臣下所可以比拟？臣下可仕则仕，可止则止，年老致政而归，抱子弄孙，犹得优游自适。为君者勤劬一生了无休息之日，如舜呈称无为而治，然身殁于苍梧，禹乘四载，胼手胝足，终于会稽，此皆勤劳政事、巡行周历，不遑宁处，岂可谓之崇尚无为、清静自持乎。《易》遁卦六爻，未尝言及人主之事，可见人主原无宴息之地可以退藏，鞠躬尽瘁，诚谓此也。

# 陶渊明不为五斗米折腰

◎不戚戚于贫贱，不汲汲于富贵——陶渊明

陶渊明（约365—427），字元亮，号五柳先生，谥号靖节先生，入刘宋后改名潜。东晋末期南朝宋初期诗人、文学家、辞赋家、散文家。东晋浔阳柴桑（今江西省九江市）人。曾做过几年小官，后辞官回家，从此隐居。田园生活是陶渊明诗的主要题材，相关作品有《饮酒》、《归园田居》、《桃花源记》、《五柳先生传》、《归去来兮辞》、《桃花源诗》等。

　　陶渊明是中国古代著名的文学家，是中国最早的田园诗人。陶诗沿袭魏晋诗歌的古朴作风而进入更纯熟的境地，像一座里程碑，标志着古朴的诗歌所能达到的高度。陶渊明又是一位创新的先锋，他成功地将"自然"提升到一种美的至境；将玄言诗注疏老庄所表达的玄理，改为日常生活中的哲理；使诗歌与日常生活相结合，并开创了田园诗这种新的题材。他不仅诗文非常有名，而且他蔑视功名富贵、不肯趋炎附势的精神也同样很有名。

　　陶渊明生活的时代，朝代更迭，社会动荡，人民生活非常困苦。405年秋天，陶渊明为了养家糊口，来到离家乡不远的彭泽当县令。这年冬天，他的上司派来一名官员来视察，这位官员是一个粗俗而又傲慢的人。他一到彭泽县的地界，就派人叫县令来拜见他。

　　陶渊明得到消息，虽然心里对这种假借上司名义发号施令的人很瞧不起，但也只得马上动身。不料他的秘书拦住陶渊明说："参见这位官员要十分注意小节，衣服要穿得整齐，态度要谦恭。不然的话，他会在上司面前说你的坏话。"

　　一向正直清高的陶渊明再也忍不住了，他长叹一声说："我宁肯饿死，也不能因为五斗米的官饷，向这样差劲的人折腰。"他马上写了一封辞职信，离开了只当了八十多天的县令职位，从此再也没有做过官。

　　从官场退隐后的陶渊明，在自己的家乡开荒种田，过起了自给自足的田园生活。在田园生活中，他找到了自己的归宿，写下了许多优美的田园诗歌。他写农家人生活的悠然自得："暖暖远人村，依依墟里烟"；他写自己劳动的感受："采菊东篱下，悠然见南山"；他也写农人劳作的甘苦："种豆南山下，草盛豆苗稀"、"不言春作苦，常恐负所怀"。

　　然而，田园生活既是美好的，也是十分艰辛的，不劳作就没有收获。遇到天灾人祸，即使劳作也是一无所获。晚年的陶渊明生活贫困，特别是在一场大火把他的全部家当毁于一旦之后，全家人的生活更是雪上加霜。到63岁时，陶渊明在贫病交加中去世。

　　陶渊明的最大成就，在于他以自己的亲身体验为基础，以自己卓越的诗歌才华极大地丰富了农事和田园题材的创作。以前诗中罕见的桑、麻、鸡、狗等平凡事物，一经他写入诗中，无不生趣盎然；而他描写大自然的亲切，也常常能激起人们的无限向往。

　　除诗之外，他还给后人留下不少精美的散文，其中最著名的有《桃花源诗并记》等。在这篇作品中，作者描绘了一个乌托邦式的空想社会，在那里没有动乱，没有朝代变更，没有国家君臣，没有徭役赋税，百姓过着丰足、与世无争的美好生活。作者以优美的语言，使这篇作品产生了永久的魅力，以至后世人们一直把这种空想的社会称作"桃花源"。

◎故事感悟

　　陶渊明"不为五斗米折腰"而辞官的故事，成为中国知识分子刚直不阿、不趋炎附势的写照。

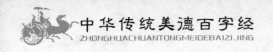
◎史海撷英

## 陶渊明的文学成就

陶渊明是汉魏南北朝800年间最杰出的诗人，也是杰出的辞赋家与散文家。陶诗今存125首，计四言诗9首，五言诗116首。陶文今存12篇，计有辞赋3篇，韵文5篇，散文4篇。陶渊明辞赋中的《闲情赋》是仿张衡《定情赋》和蔡邕《静情赋》而作，内容是铺写对爱情的梦幻，没有什么意义。《感士不遇赋》是仿董仲舒《士不遇赋》和司马迁《悲士不遇赋》而作，内容是抒发门阀制度下有志难骋的满腔愤懑。《归去来兮辞》是陶渊明辞官归隐之际与上流社会公开决裂的政治宣言，文章以绝大篇幅写了他脱离官场的无限喜悦，想象归隐田园后的无限乐趣，表现了作者对大自然和隐居生活的向往和热爱。文章将叙事、议论、抒情巧妙地融为一体，创造出生动自然、引人入胜的艺术境界；语言自然朴实，洗尽铅华，带有浓厚的乡土气息。韵文有《扇上画赞》、《读史述》九章、《祭程氏妹文》、《祭从弟敬远文》、《自祭文》；散文有《晋故征西大将军长史孟府君传》，又称《孟嘉别传》，是为外祖孟嘉写的传记。此外还有《五柳先生传》、《桃花源记》、《与子俨等疏》等。总的说来，陶文数量和成就都不及陶诗。

陶渊明的诗感情真挚，朴素自然，有时流露出逃避现实、乐天知命的老庄思想，陶渊明有"田园诗人"之称，也是田园诗派的鼻祖。他的诗从内容上可分为饮酒诗、咏怀诗和田园诗三大类。

◎文苑拾萃

## 桃花源记

陶渊明

晋太元中，武陵人捕鱼为业，缘溪行，忘路之远近，忽逢桃花林。夹岸数百步，中无杂树，芳草鲜美，落英缤纷。渔人甚异之。复前行，欲穷其林。

林尽水源，便得一山。山有小口，仿佛若有光。便舍船，从口入。初极狭，才通人。复行数十步，豁然开朗。土地平旷，屋舍俨然。有良田美池桑竹之属。

阡陌交通，鸡犬相闻。其中往来种作，男女衣着，悉如外人。黄发垂髫，并怡然自乐。

　　见渔人，乃大惊，问所从来，具答之。便要还家，设酒杀鸡作食。村中闻有此人，咸来问讯。自云先世避秦时乱，率妻子邑人来此绝境，不复出焉，遂与外人间隔。问今是何世，乃不知有汉，无论魏、晋。此人一一为具言所闻，皆叹惋。余人各复延至其家，皆出酒食。停数日，辞去。此中人语云："不足为外人道也。"

　　既出，得其船，便扶向路，处处志之。及郡下，诣太守，说如此。太守即遣人随其往，寻向所志，遂迷，不复得路。

　　南阳刘子骥，高尚士也，闻之，欣然规往。未果，寻病终。后遂无问津者。

# 赵鼎和秦桧

◎大丈夫宁可玉碎不能瓦全。——《北齐书》

> 　　赵鼎（1085—1147），南宋政治家、词人。字元镇，自号得全居士。南宋解州闻喜（今属山西）人。宋高宗时的宰相。早孤，由母樊氏教之。崇宁五年（1106年）进士，累官河南洛阳令。高宗即位，除权户部员外郎。建炎三年（1129年），拜御史中丞。四年，签书枢密院事，旋出知建州、洪州。绍兴年间几度所相，后因与秦桧论和议不合，罢相，出知泉州。寻谪居兴化军，移漳州、潮州安置，再移吉阳军。吉阳三年，知秦桧必欲杀己，自书铭旌曰："身骑箕尾归天上，气作山河壮本朝。"不食而卒，年63岁。孝宗朝，谥忠简。

　　赵鼎是南宋名臣，一生刚正不阿，事迹感人。

　　赵鼎4岁时父亲去世，在母亲的教导下，精通经史百家之书，于宋徽宗崇宁五年（1106年）考中进士。

　　当时正值北宋末年，金兵南侵，烧杀淫掠。赵鼎做官后力主抗金，支持岳飞北伐。

　　南宋建立后，赵鼎担任宰相，与奸臣秦桧在或战或和上意见相左。宋高宗支持秦桧，便将赵鼎罢相，让他出任绍兴知府。

　　秦桧征得宋高宗的同意，假惺惺地到江边去为赵鼎饯行。秦桧提前在津亭摆好酒席，等候赵鼎。

　　赵鼎来到江边后，只对秦桧作了一揖，便转身登船而去。秦桧追上去喊道："我奉旨而来，专为先生饯行。何不小饮数杯，共叙别情？"赵鼎回答说：

"我们一个主战，一个主和，没有共同语言，还共叙什么？"

秦桧被抛在江边，只得灰溜溜地撤席回城。

赵鼎到绍兴府后，两袖清风，爱民如子，鼓励官民抗金，不遗余力，并筹集抗金物资，支援抗金前线，深得官民爱戴。

不料，秦桧公报私仇，竟诬陷他，将他贬到吉阳军。军是宋代行政区名称，如府、州之类。

赵鼎到吉阳军后，门人故吏皆不敢通问，尝尽了孤寂的滋味。

三年后，赵鼎忧国忧民，愤而绝食，不久便死了。消息传出，百姓无不落泪。

## ◎故事感悟

赵鼎其人其事如同他死后的谥号——"忠简"。这位精通经史百家学问的南宋宰相，不但精忠报国，而且刚正不阿、敢于直谏，全然不顾个人的得失，他这种崇高的品质至今仍是后人学习的榜样。

## ◎史海撷英

### 魂断吉阳的南宋抗金名相

"以身去国故求死，抗议犯颜今独难。阁下大书三姓在，海南惟见两翁还。一丘孤冢寄穷岛，千古高名屹泰山。天地只因悭一老，中原何日复三关？"这是胡铨悼念赵鼎时所作的《哭赵鼎》一诗。在三亚市崖城镇水南村，有一处荒废的古迹——"盛德堂"，据光绪《崖州志》收录的《盛德堂记》一文记载：绍兴十四年（1144年），南宋抗金名相赵鼎被贬至吉阳军（即今三亚）后，曾经在此谪居3年，直至1147年绝食身亡；与其志同道合的抗金主帅胡铨于1148年被贬到此，也在这里寓居达8年之久。"盛德堂"是唐代宰相裴度后人的私宅，其得名于胡铨1156年遇赦离开前题写的"盛德堂"匾额。

◎文苑拾萃

## 水调歌头

赵　鼎（甲辰九月十五日夜饮独乐见山台坐中作）

屋下疏流水，屋上列青山。

先生跨鹤何处，窈窕白云间。

采药当年三径，只有长松绿竹，霜吹晚萧然。

举酒高台上，仿佛揖群仙。

转银汉，飞宝鉴，溢清寒。

金波万顷不动，人在玉壶宽。

我唱君须起舞，要把嫦娥留住，相送一杯残。

醉矣拂衣去，一笑渺人寰。

# 张世杰为国尽忠

◎见出以知入，观往以知来，此其所以先知之理
也。——《孙子·说符》

> 张世杰（？—1279），南宋名将。张柔之侄。民族英雄。涿州范阳县（今河北省涿
> 州市）人。蒙古灭金后，张世杰投奔南宋，成为南宋末年最重要的统帅。《宋史》称：
> "张世杰，范阳人。少从张柔戍杞，有罪，遂奔宋。隶淮兵中，无所知名。"

　　张世杰是南宋名将，张柔之侄，原为金国人。蒙古灭金后投奔宋，成为
南宋末年最重要的统帅。

　　德祐二年（1276年），小皇帝赵㬎被俘虏到大都后，赵㬎的两个哥哥九岁
的赵昰和六岁的赵昺，也在南宋皇族和大臣陆秀夫护送下逃到福州。陆秀夫
派人找到张世杰、陈宜中，把他们请到福州。三个大臣一商量，决定拥立赵
昰即位，继续打起宋朝的旗帜，反抗元朝。

　　文天祥得到了这个消息，感到有了恢复宋朝的希望，马上也赶到福州，
在新的朝廷里担任枢密使。他向陈宜中建议，从海路进攻元军，收复两浙地
区。但是陈宜中认为这样做太冒险，不同意文天祥的意见。

　　文天祥只好改变主意，到南剑州建立都督府，招募人马，准备反攻。第
二年，文天祥进兵江西，在各地起义军的配合之下，连续打败元军，收复了
会昌等许多县城。这时候，另一路元军已经南下攻打福州。宋军节节败退，
陈宜中眼看恢复没有希望，就独自乘船逃到海外去了。张世杰和陆秀夫等保
护赵昰逃上海船，往广东转移。不幸海上刮起一场飓风，差点把船打翻，年

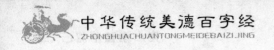

幼的赵昰受了惊，得病死了。

张世杰和陆秀夫在海上又拥立赵昺即位，把水军转移到厓山（在今广东新会南）。元朝大将张弘范向元世祖报告说，如果不迅速扑灭南方的小朝廷，恐怕有更多的宋人响应。元世祖就派张弘范为元帅，李恒为副帅，带领精兵两万人，分水陆两路南下。张弘范先派兵攻打驻守在潮州的文天祥。文天祥兵少势孤，被迫转移到海丰的一座荒山岭。元军突然赶到，文天祥被俘虏了。

元兵把文天祥送到张弘范大营，张弘范假意殷勤，给文天祥松了绑，把他留在营里，接着，就下命令集中水军开往厓山。元军到了厓山，张弘范先派人向张世杰劝降。张世杰说："我知道投降元朝，不但可以活命，而且可以得到富贵。但是，我宁可丢脑袋，决不变节。"

张弘范知道张世杰平日很敬佩文天祥，就要文天祥写信给张世杰招降。文天祥冷笑说："我自己不能救父母，难道会劝别人背叛父母吗？"张弘范叫人拿来笔墨，硬逼他写信。文天祥接过笔，毫不犹豫地写下两句诗："人生自古谁无死，留取丹心照汗青！"

兵士把他写的诗句拿给张弘范，张弘范看了只好苦笑。他眼看劝降毫无希望，就只有拼命攻打。厓山在我国南面海湾里，背山面海，地势险要。张世杰在海上把一千多条战船排成一字阵，用绳索连接起来，船的四周还筑起城楼，决心跟元兵决一死战。元军用小船满装了茅草，浇足了油，点着了火，乘着风势向宋军发起火攻。张世杰早防到这一着，在船上涂上厚厚的一层湿泥，还缚了一根根长木头，顶住元军的火船。张弘范的火攻失败了，就用船队封锁海口，断绝了张世杰通往陆地的交通。宋兵在海上饿了吃干粮，渴了喝海水。海水又咸又苦，兵士们喝了纷纷呕吐。张弘范发动元兵发起猛攻，宋兵誓死抵抗，双方相持不下。

这时候，元军副统帅李恒也从广州到厓山跟张弘范会师。张弘范增加了实力，重新组织力量进攻。他把元军分为四路，围攻宋军。潮落的时候，元军从北面冲击；潮涨的时候，元军又顺着潮水从南面进攻。宋军两面受敌，正在拼命招架，忽然听到张弘范的坐船奏起音乐来。宋军听了，以为元将正在举行宴会，稍微松懈一下。哪想到这个乐声恰恰是元军总攻的讯号。乐声一起，张弘范的坐船发起进攻，箭如雨一样射向宋船。元兵在乱箭掩护下，夺了宋军七条战船。各路元军一起猛攻，从晌午到傍晚，厓山的海上海潮汹涌，杀声震天。

张世杰正在指挥战斗，忽然看见一条宋船降下了旗，停止抵抗，其他战船也陆续下了旗，张世杰知道大势已去，急忙一面把精兵集中在中军，一面派人驾驶小船，准备把赵昺接过来，组织突围。

赵昺的坐船由陆秀夫守着。他对张世杰派去接赵昺的小船闹不清是真是假，怕小皇帝落在元军手中，就拒绝了使者的要求。他回过头对赵昺说："国家到了这步田地，陛下也只好以身殉国了。"说着，就背着赵昺一起跳进了大海，在滚滚波涛里淹没了。

张世杰没有接到赵昺，只好指挥战船，趁着夜色朦胧，突围撤退到海陵山。他点了一下战船，一千条战船只剩下十几条。这时候，海岸又刮起了飓风，有人劝张世杰登岸避风。张世杰坚持不肯上岸。一阵巨浪袭来，把他的船打沉了，这位誓死抵抗的宋将最后落水牺牲。

1279年2月，元朝统一了中国，南宋宣告灭亡。

## ◎故事感悟

文天祥、张世杰、陆秀夫是南宋末年最有名的三个将领，他们在国家危亡的时候，面对强大的元朝，没有一个人顾及自己的安危，在侵略者的威逼利诱下刚强不阿、不为所动，誓死与国家共存亡。虽然他们的力量并没有挽救南宋灭亡的命运，但他们的精神却得以永存。

## ◎史海撷英

### 张世杰生平略纪

德祐二年（1276年），临安沦陷时，5岁的小皇帝宋恭帝被俘，张世杰与陆秀夫带着宋朝二王（益王赵昰、卫王赵昺）出逃。后来刚满7岁的赵昰即位为皇帝，是为宋端宗，定年号"景炎"。端宗即位后，对张世杰甚是重用。张世杰并没有辜负端宗皇帝的希望，多次指挥宋军抵抗元朝军队的猛攻。景炎三年（1278年），10岁的端宗溺水而死，他的弟弟卫王赵昺登基做皇帝，改元"祥兴"。赵昺下诏让张世杰做太傅（皇帝的老师）。张世杰奉命死守帝都崖山，另外还下令百姓大兴土木，为太后、皇帝修建行宫，还利用打仗空余的机会教赵昺识字。赵昺也很听话，张世杰说什么他就做什么。

## ◎文苑拾萃

### 张世杰祠堂

张世杰死后，在战乱中他的妻子和幼子曾辗转至天台避难，因此他的后代就在天台定居下来。天台百姓在他殉国后为他建起祠堂，供奉牌位，从此这里便成了张家的宗祠。

新中国成立后，祠堂曾被天台县粮管局接管，并被改造成粮库，七十年代后又成为职工宿舍。现经整修，作为县粮食局老人活动中心。

正祠的平面为三开间两进深，屋顶为钩连搭结构，即前后有两个两坡屋顶，前屋脊略低于后屋脊，脊长也略短于后脊，两屋顶相对的两坡交接于同一根檩条上。在两屋顶东西向的中轴线上，第三个屋顶垂直搭接于两坡之间，并与前屋脊同高，使正祠整体形成"工"字形脊。六个坡面的相交线呈菱形，形态十分优美。

祠堂的雕刻工艺也相当纯熟，五朝门上的牛腿花饰和正祠前廊上的月梁花饰都十分饱满圆滑，鸟兽造型被巧妙地象征化，却依旧生动传神。

# 文天祥舍生取义

◎生，亦我所欲也；义，亦我所欲也；二者不可得兼，
　舍生而取义者也。——孟子

> 文天祥（1236—1283），汉族。吉州庐陵（今江西吉安县）人。民族英雄。初名云孙，字天祥。选中贡士后，换以天祥为名，改字履善。宝祐四年（1256年）中状元后再改字宋瑞，后因住过文山，而号文山，又有号浮休道人。文天祥以忠烈名传后世，受俘期间，元世祖以高官厚禄劝降，文天祥宁死不屈，从容赴义，生平事迹被后世称许，与陆秀夫、张世杰被称为"宋末三杰"。

　　南宋末年，朝廷偏安江南，国势弱小，北方蒙古族于1271年结束了内部争夺皇位的自相残杀局面，建立了元朝，接着把侵略矛头直指南宋。1273年，丞相伯颜统20万大军攻下襄、樊，以此为突破口，顺江而下，两年不到，便兵临南宋首都临安的近郊。蒙古兵所过之处，尸横遍野，血流成河，农田荒废，百业凋敝。这是一场空前残暴野蛮的侵略战争，南宋面临着亡国灭种的严重威胁，文天祥就是在这种形势下出现的抗击侵略的伟大民族英雄。

　　南宋朝廷长期为投降派所把持。1259年，宰相贾似道便以称臣、割江北地区和岁纳银绢各20万两匹为条件，暗中屈膝求和。伯颜却意在灭宋，并不停止南侵。1275年，伯颜将贾似道13万大军消灭，南宋朝廷便再无可用之兵。

　　此时宋恭帝在位，年仅4岁，太皇太后谢氏临朝听政，不得不发出"哀痛诏"，号召天下四方迅速举兵"勤王"。文天祥当时正担任赣州知府，他"捧诏涕泣"，并立即行动，在两三个月内便组织了第一支"勤王"队伍近万人，几经周折，赶到了临安。而在成千上万大小地方官中，带兵勤王的只不过他

和张世杰、陆秀夫三人而已，这个政权腐朽到什么程度，可见一斑。

1276年正月十八日，伯颜兵临皋亭山，左相留梦炎早已投降叛变，其他大臣或已投降。伯颜虽愿受降，却要右相陈宜中去元营洽谈。陈哪有这个勇气？当天晚上便逃之夭夭。谢太后可派之人只剩下一个文天祥。文天祥毅然临危受命，但不是去投降，他考虑是"战、守、迁皆不及施"，"国事至此，予不得爱身"，他甚至借此机会观察一下敌营的虚实，以谋"救国之策"。但是他没有想到，正当他指斥伯颜扣押不能返回宋营时，他的义兵则在同时被投降派命令解散。敌人的凶残不曾使文天祥受困，昏庸的朝廷和无耻的投降派却使他遭到了第一次严重的挫折。

1276年二月初九，文天祥被押送去大都（今北京），行至京口（今镇江）时，在义士的帮助下逃脱了虎口。据他在《指南录后序》所记，至少有十六次幸免于死，经过千辛万苦，于四月初八逃到了温州。此时他听说度宗的两个儿子（即恭帝的两个兄弟）已逃到福州，于是立即上表劝进。不久，文天祥被诏至福州，任右丞相兼枢密院事，后又命为同都督。七月，文天祥便在南剑州（今福建南平）打起帅旗，号召四方英雄豪杰起兵收复失地。1277年三月，文天祥统兵进军江西，收复南部数十州县，同时围困赣州，湖南、湖北皆起而响应，震撼了江南，鼓舞了人民的反侵略意志，使元统治者大为惊慌。元朝统治者忙调40万大军来解赣州之围，另派兵五万追击文天祥。文部不过五千余人，这年八月，空坑一战，遂致大败，部将数人牺牲，文妻及子女皆被俘。赵时尝在紧急中假扮文天祥，吸引了元军，文天祥才得乘间逃脱。赵随即被杀。这是文天祥在一年多时间内所遭到的第二次重大挫折。

但是文天祥并没有灰心丧气，他下定决心抗元到底。1278年11月，文天祥收拾残军，加以扩充，移兵广东潮阳，不幸于12月20日兵败五坡岭。文天祥自度难以逃出重围，当即吞服随身所带的冰片，以求一死，免遭污辱。但他并未死，而是在昏迷中被俘了。这是他遭遇的最后一次严重挫折。从此以后，文天祥便再也不能统领义军在战场上与元军拼杀了。

文天祥被俘后，打定主意，只求一死而不求苟生。还在伯颜将他扣押北营时，他便明白地告诉对手："宋状元……所欠一死报国耳，宋存与存，宋亡与亡，刀锯在前，鼎镬在后，非所惧也，何怖我？"

1279年10月，元平章阿合马来文天祥囚所劝降。文天祥长揖就坐，不把他放在眼里，阿合马却要他下跪，文天祥说："南朝宰相见北朝宰相，何跪？"阿合马以胜利者自居，傲慢地说："你何以至此？"文天祥嘲讽地说："南朝若早用我为相，你去不了南方，我也不会到你这里来，你有什么可神气的。"阿合马用威胁口气对左右说："此人生死尚由我。"文天祥正义凛然道："亡国之人，要杀便杀，道甚由不由你。"阿合马自讨没趣，灰溜溜地走了。

同年年底，元丞相孛罗审问文天祥。孛罗一来就摆威风，要文跪下，遭到文拒绝，左右便用武力强使文天祥作跪拜状，文凛然说道："天下事，有兴有废，自古帝王以及将相，灭亡诛戮，何代无之？天祥今日……至于此，幸早施行。"

临刑前夕，皇帝忽必烈亲自出马劝降，以宰相之职作为诱饵，妄图使文天祥投降，但遭文天祥严厉拒绝。忽必烈只好问他，那你究竟要什么呢？文天祥回答说："愿以一死足矣！"文天祥这种以身殉国、视死如归的伟大精神使得敌人束手无策，一筹莫展。这实际上等于宣布了反侵略战争的胜利，是正义的胜利和他自己所赞颂的"正气"的胜利，也等于宣布侵略者的失败，是一切投降派和卖国贼的失败。

在国家民族危亡紧急时刻，文天祥无时无刻不把国家民族利益看做最高的利益，对投降派和奸佞之徒从不留情。1259年，元军渡江围鄂州，皇帝宠幸的内侍董宋臣怂恿宋帝迁都，文天祥勇敢地上疏，乞斩董宋臣。1275年，朝廷追封投降元军大将吕文德为和义郡王，又提拔他的侄子吕师孟为后部尚书，投降气氛一时弥漫京城，文天祥又上书乞斩吕师孟，以稳军心。文天祥被俘后，留梦炎一班降贼都曾硬着头皮来劝降，文一律唾骂之置，就连先已投敌的宋恭帝前来劝降时，也被置之不理。文天祥明确提出"社稷为重，君为轻"。他并不对帝王愚忠，而是无条件地忠于国家和民族。

1283年1月9日，文天祥在大都柴市口英勇就义。他死后留下了大量诗文，其中如《过零丁洋》中的"人生自古谁无死，留取丹心照汗青"，狱中所作的《正气歌》以及死后从其衣带中发现的"衣带诏"（孔曰"成仁"，孟曰"取义"，惟其义尽，所以仁至，读圣贤书，所学何事？而今而后，庶几无愧），

都已成为光照日月、气壮山河的绝唱，成为民族精神财富的宝贵部分。文天祥也因此成为永垂不朽的民族英雄。

## ◎故事感悟

生命可贵，但文天祥的刚强不屈却可以超越生死。在他看来，个人的生命在投敌叛国的两者取舍中是可以舍弃的，所以在被俘后始终不动摇、不屈服，最后以死报国，正气浩然。他崇高的民族气节，也一直受到人们的赞扬与敬仰。

## ◎史海撷英

### 文天祥状元及第

宝祐四年（1256年），文天祥到京师临安（今浙江杭州）参加科举考试。会试放榜，通过了初选。殿试时，文天祥患病，但仍勉强带着病躯赶到考场。进门时一阵拥挤，出了一身汗，顿时感到身体舒服多了，头脑也清醒了。看到题目，略加思考，草稿也没打，一挥而就。宋理宗到集英殿钦定名次，把文天祥取为一甲第一名，是年文天祥才21岁。

当时参与复审的著名学者王应麟在旁称赞道："这份卷子，议论卓绝，合乎古圣先贤之大道。文中表现出忠君爱国之心，坚如铁石。我为陛下得到这样的人才致贺！"卷子是密封的，拆开一看，考生姓名是文天祥。理宗觉得很吉利，高兴地说："天祥，天祥，这是天降的吉祥，是宋朝有瑞气的预兆。"此后，人们就以"宋瑞"为天祥的字。

## ◎文苑拾萃

### 正气歌

文天祥

天地有正气，杂然赋流形。

下则为河岳，上则为日星。

于人曰浩然，沛乎塞苍冥。

皇路当清夷，含和吐明庭。

时穷节乃见，一一垂丹青。

在齐太史简，在晋董狐笔。

在秦张良椎，在汉苏武节。

为严将军头，为嵇侍中血。

为张睢阳齿，为颜常山舌。

或为辽东帽，清操厉冰雪。

或为出师表，鬼神泣壮烈。

或为渡江楫，慷慨吞胡羯。

或为击贼笏，逆竖头破裂。

是气所磅礴，凛烈万古存。

当其贯日月，生死安足论。

地维赖以立，天柱赖以尊。

三纲实系命，道义为之根。

嗟予遘阳九，隶也实不力。

楚囚缨其冠，传车送穷北。

鼎镬甘如饴，求之不可得。

阴房阒鬼火，春院闭天黑。

牛骥同一皂，鸡栖凤凰食。

一朝蒙雾露，分作沟中瘠。

如此再寒暑，百沴自辟易。

嗟哉沮洳场，为我安乐国。

岂有他缪巧，阴阳不能贼。

顾此耿耿在，仰视浮云白。

悠悠我心悲，苍天曷有极。

哲人日已远，典刑在夙昔。

风檐展书读，古道照颜色。

# 熊县令不惧高官

◎守节贞固，患难不能迁其心。——柳宗元

　　清乾隆皇帝南巡，两江总督黄廷桂借机大显威风，一切需求都要立即办妥，下属们谁也不敢违背他的旨意，只有丹徒县有一个姓熊的县令不理他这一套。

　　在为乾隆皇帝过此开辟御道时，熊县令不愿为此毁人家的冢墓，让御道绕弯约一里路。黄总督知道后大怒，说皇帝出巡不顺直道走，是大不敬，如不赶快改过来，论罪当斩。

　　熊县令不慌不忙地说："走的是不是直路皇帝怎么会知道？难道皇帝驾前会有人拿着指南针？难道从京师到丹徒就没有拐一个弯？再说，当今皇上又不是秦始皇，他要是听说江南有人为他南下的行程而发掘冢墓，暴人尸骨，一定会大为震怒。这样一来，恐怕有罪的是您而不是我。"

　　周围的官员听了熊县令的话十分惊恐，有人拽着他让他给总督赔礼谢罪。熊县令没有接受那个人的"好意"，他高声说道："不过就是罢我官而已，还能杀我吗？"

　　有一次，江苏的一位按察使通知熊县令将丹徒县的一个特别奸狡的人押解来省。当熊县令了解到这其实是一个非常憨厚朴实的农民时，便马上把这个农民放了。

　　后来，熊县令去省城见到按察使时，这位大人仍旧怒气未消，斥责他说："你看他是好人就把他放了，我难道就分不出好人坏人吗？"

　　熊县令说："由丹徒县送到按察司，中间还有胥吏们层层的敲诈勒索，您纵然有皋陶（传说为舜的大臣）那样的明察之力，但审讯之后也得放他回家。而那时他早已破产了，诬告的人却得意了。"按察使听后，无话可说。

## ◎故事感悟

熊县令处处为民着想，替百姓鸣不平，刚正不阿、不畏权势，是少有的好官。他维护了百姓的利益，为百姓伸张了正义。他的事迹也将被后人所牢记。

## ◎史海撷英

### 乾隆下江南

乾隆下江南是仿其皇祖康熙。康熙下江南目的之一是为了探访民情，毕竟古代信息不发达，皇帝要想了解民情，就得多到民间走走。其二是为了加强中央政权与江南地主士绅的联系。江南是明朝起家之地，当地居民对明朝最拥护，清军入关后反抗最激烈。而江南经济发达，国家财赋又大半来源于此，所以康熙下江南为的是加强与江南地主士绅的联系，以巩固统治。其三是为治理黄河。康熙虽然是下江南，但每次都在黄河地区停留很长时间，为的就是治理黄河。乾隆帝下江南也有康熙前面的两个原因，只是第三条不一样，因为乾隆时黄河已没有大的水患，乾隆下江南的第三条原因就是游玩。

康熙下江南，动机比较单纯，就是为了国家，所以不是很讲排场；而且康熙本人比较节俭，也不想干扰地方，但是即便这样也花销了不少。而乾隆本人好大喜功，南巡的队伍声势浩大，每次都在万人以上，所到之处极尽奢侈糜费，地方供给极尽华丽壮观，百姓的财富经历巨大的浩劫，其花费远超康熙数倍。江苏学政尹会一曾上奏章说南巡造成"民间疾苦，怨声载道"，乾隆看后大为恼火："民间疾苦，你指出什么地方疾苦？怨声载道，你指出什么人载道？"乾隆从此开始对尹会一怀恨于心，后来找了个借口处死了他的儿子尹嘉铨，"父债子还"。

乾隆除了下江南游荡猎奇外，还花费巨资在北京西郊营造繁华盖世的皇家园林"圆明园"。东造琳官，西增复殿，南筑崇台，北构杰阁，说不尽的巍峨华丽。

又经文人学士，良工巧匠，费了无数心血这里凿池、那里叠石，此处栽林、彼处莳花，繁丽之中，点缀景致，不论春秋冬夏，都觉相宜。又责成各省地方官搜罗珍禽异卉，古鼎文彝，把中外九万里的奇珍，上下五千年的宝物，一齐陈列园中，作为皇帝家常的供玩。

## ◎文苑拾萃

### 御制文初集

《御制文初集》，30卷，目录2卷，清高宗弘历撰，于敏中等编，清乾隆二十九年（1764年）武英殿刻本。

卷前有乾隆甲申（乾隆二十九年，1764年）御制文初集序，序末钤"乾"、"隆"联珠印；经筵讲官户部左侍郎于敏中奏请编刻是书折。卷末有刘统勋、刘纶、彭启丰、董邦达、裘曰修、于敏中、钱汝诚、观保等跋。

《御制文集》所录之文据称均为清高宗弘历自作，词臣代拟之作不载。此集收录乾隆元年至二十八年（1736—1763）间高宗所作各体文570余篇，分为19门，以经筵御论冠首，其次为论、说、祝文、记、序等，均按年代编次，所涉题材广泛，天文、地理、政事、经史、人物、艺术、经济等无不加以阐述。如经筵御论《君子体仁足以长人》、《其难其慎惟和惟一》、《汉光武论》、《平定准噶尔告成太学碑文》以及《太祖高皇帝圣训序》、《太祖高皇帝实录序》、《大清一统志序》等，详尽而形象地反映了高宗的政治活动和思想感情，为研究清帝和清史提供了不可缺少的珍贵史料。

除此本外，另有《四库全书荟要》本、《四库全书》本、清乾隆年内府抄本、清光绪五年内府铅印本、清乾隆年内府汤荸联抄本、清乾隆年王杰抄本。

# 汪应辰未改书生本色

◎烈士之所以异于恒人，以其仗节以死谊。——《刘禹锡集》

> 汪应辰（1118—1176），初名洋，字圣锡。信州玉山（今玉山县）人。南宋官吏、诗人、散文家。

汪应辰任成都知府期间，政绩颇佳，还京后为吏部尚书兼翰林学士。宋孝宗十分信任和重用他，但别的近臣不喜欢他，总是抓住时机说他的坏话。有一天，孝宗皇帝召见他，高兴地说："朕打算跟卿好好聊聊。"命坐赐茶，汪应辰忙说："臣下正好有一事要禀奏。"孝宗欣然问："什么事啊？"当时德寿宫建房廊于闹市之中，主持这项工程的人不懂事体，凡是门都题上"德寿宫"三字，连陋巷厕所也不例外。汪应辰从衣袖里拿出事先准备好的文字材料给皇上看，力陈此事不妥，并且说："陛下为天下人侍奉，可是朝廷官吏如此无礼，不庄重，天下的百姓和他们的后代会以为陛下您薄于奉亲，只图皇宫建筑外表好看，您的孝道便会受到不小的牵累。"

孝宗此时对被迫退位的高宗赵构还是挺恭敬的。汪应辰这番话说得孝宗勃然大怒，脸色刷地一变，气愤地说："朕虽不孝，但还未到这种地步。"汪应辰说："我是爱陛下心切，不想让您担此恶名，才这么说的。"孝宗还是不高兴。汪应辰奏事已毕请求退下，孝宗点点头，没有继续赐坐，从此对汪的器重大减。

正巧，德寿宫需要四川所产灯笼锦，下诏求之无货。这一天孝宗到宫中说明情况，太上皇赵构说："我近来已经得了。"孝宗问："从哪儿弄到的？"太上皇赵构说："是汪应辰家献出的。"孝宗回到朝中，便诏请汪应辰，让他当了平江（今江苏苏州）知府。

◎故事感悟

　　汪应辰刚方正直，敢言不避，并没有因宋孝宗的器重而阿谀奉承，敢于直言进谏，触犯龙颜。因此，汪应辰敢作敢为的性格一直备受后人所称道。

◎史海撷英

### 神童汪应辰

　　汪应辰幼为神童，5岁知书，属对应声语惊人，多识奇字。家贫无灯油，拾柴点火读书。从人借书，有过目不忘之能。10岁能诗，宋高宗见他的对词，以为老成之士，直至见才知是方刚少年，赐以御诗，并更名为应辰。他好贤乐善，尤笃友爱。少从喻樗、张九成、吕本中、胡安国等人游，又与吕祖谦、张栻为友。为朱熹从表叔，常与往来研究学问。他为人方刚正直，敢言不避，又多革弊事，所以遭到胡迁许多人的侧目，为人所陷。但他接物温逊，遇事特立不回，坚定不移。虽遭秦桧排挤，流落岭峤17年之久，"蓬蒿满径，一室萧然，饮粥不继，人不堪其忧"，却"处之裕如也，益以修身讲学为事"。学者称玉山先生。

◎文苑拾萃

### 宋史·汪应辰传

　　汪应辰，字圣锡，信州玉山人。幼凝重异常童，五岁知读书，属对应声语惊人，多识奇字。家贫无膏油，每拾薪苏以继晷。从人借书，一经目不忘。十岁能诗，游乡校，郡博士戏之曰："韩愈十三而能文，今子奚若？"应辰答曰："仲尼三千而论道，惟公其然。"

　　未冠，首贡乡举，试礼部，居高选。时赵鼎为相，延之馆塾，奇之。绍兴五年，进士第一人，年甫十八。御策以吏道、民力、兵势为问，应辰答以为治之要，以至诚为本，在人主反求而已。上览其对，意其为老成之士，及唱第，乃年少子，引见者掖而前，上甚异之。鼎出班特谢。旧进士第一人赐以御诗，及是，特书《中庸篇》以赐。初名洋，与姓字若有语病，特改赐应辰。上欲即除馆职，赵鼎言："且令历外任，养成其材。"乃授镇东军签判。故事，殿试第一人无待次者，至是，取一年半阙以归。舍人胡寅行词曰："属者延见多士，问以治道，尔年未及冠，而能推明帝王躬行之本，无曲学阿世之态。"

应辰少受知于喻樗，既擢第，知张九成贤，问之于樗，往从之游，所学益进。初任，赵鼎为帅，幕府事悉谘焉。岁小旱，命应辰祷雨名山即应，越人语之曰："此相公雨。"鼎曰："不然，乃状元雨也。"

# 李定国宁死荒外不降清

◎正直者不可屈曲，有学问者必能辨是非。——宋·欧阳修

李定国（1620—1663），字鸿远，小号一纯。汉族。明末杰出的军事家，民族英雄。陕西榆林人。明末清初大西农民军领袖之一。家世务农。崇祯三年（1630年），年方十岁的李定国就参加了张献忠起义军，受到张献忠的喜爱。李定国随张献忠起义军转战于秦、晋、豫、楚，临敌陷阵以勇猛称，又喜读兵法、《资治通鉴》诸书，在军中以宽慈著。有文武才，以勇猛著称，杀敌不计其数。大西政权建立，擢安西将军，同孙可望、刘文秀、艾能奇一起，被养为义子，合称四将军。后数年，大顺元年，张献忠死后，率大西军余部进驻云南，联明抗清，从而立下赫赫战功。

李定国是明末农民起义领袖张献忠手下的一员名将，是张献忠四个义子中的老二。张献忠在西充牺牲之后，留下五六万起义军由孙可望、李定国率领，南下贵州、云南。清军南侵，大敌当前，阶级矛盾相对缓和了，民族矛盾上升为主要矛盾。他们派人向永历帝建议，愿意联合抗清。这对于朝不保夕、岌岌可危的永历政权来说，当然是求之不得的好事。他只好依靠大西军，并封孙可望为秦王。然而孙可望别有用心，他妄想把永历帝控制在手里，作威作福，独断专行，并不热心于抗清之事。

李定国转战云南、贵州、广西、湖南，连下数十城，立下累累战功，永历帝封他为西宁王。这引起了孙可望的妒忌。他假意邀请李定国商量事，想暗害李定国。李定国察觉了他的意图，只好带兵离开湖南，回到云南。孙可望想提高自己的威望，也领兵到湖南进攻清军，结果却打了大败仗。孙可望

野心勃勃，想逼迫永历帝让位，由自己篡权。他知道要实现这个目标，必须除掉李定国这个障碍。1657年，他率兵14万进攻云南的李定国。自古以来，挑动内战都是不得人心的。孙可望手下的将士们，都恨透了他的分裂活动，双方一经交战，就纷纷自动倒戈，投向李定国一边。孙可望的军队迅速瓦解，他狼狈逃回贵阳，又遭到贵阳守将冯双礼的反对。他走投无路，就跑到湖南向经略洪承畴乞降。

永历政权经过孙可望的叛乱，力量大大削弱。1658年，清朝大将军罗讬自湖南、吴三桂自四川、卓布泰自广西，分三路大举进攻贵州，李定国也分兵三路进行阻击。然而寡不敌众，士气也大不如前，战事接连失利，不得不退回云南。李定国护卫着永历帝逃到永昌。

1659年，清军进入云南，李定国派靳统武护卫永历帝逃往腾越。清军攻克永昌，横渡潞江，攀登磨盘山。李定国派部将窦民望、高文贵、王玺分兵设伏等待清军到来。清军进入埋伏圈，并向李定国的阵地发炮。于是伏兵四起，与清兵展开了肉搏，双方死伤惨重。窦民望被炮弹击穿肋下，血流如注，还持刀拼命厮杀，最后终于倒下。王玺也战死在阵地上。李定国在山巅指挥战斗，炮弹就坠落在他面前，掀起的泥土、石块将他全身覆盖。他从土堆里爬出来，指挥军队撤退。部队还未退到腾越，惊慌失措的永历帝已由几个亲信官员陪同，逃往缅甸去了。

李定国在云南和缅甸边界收集残部，打击清军，准备恢复。永历帝逃往缅甸，被缅甸软禁了起来。李定国与清军且战且走，最后也退入缅甸。他13次要求归还永历帝，都未得到满意的答复。他想用武力夺回永历帝，因为人地两疏，也未能如愿。1661年12月，吴三桂带领清兵10万开进缅甸，逼缅甸交出了永历帝和太子后妃，清兵把他们押到昆明杀害了。李定国本想约请暹罗（今泰国）出兵进攻缅甸，夺回永历帝。当听到永历帝被害的消息，他忧愤万分，终于病死军中。临死时他对自己的儿子和部将说："宁死荒外，毋得降清。"

## ◎故事感悟

宁死荒外，不得降清，这是李定国临终前最后的嘱托，没有依依惜别，只有坚定的决心和斗志。在历史中，各为其主的事例数不胜数，他们的对错甚至不需要过多关注，但他们为自己的信仰坚持到底、刚强不屈的气魄将永远流传史册。

## ◎史海撷英

### 南明政权的建立

明末北京失陷后，朱姓宗室在南方建立起来的诸政权，有福王弘光政权，唐王隆武政权，鲁王政权，唐王绍武政权，桂王永历政权，韩王定武政权。其中影响较大的是福王和桂王政权。顺治元年（1644年）五月十五日，福王朱由崧在丹阳总督马士英等人拥戴下在南京称帝，建元弘光。